Un chat heureux en appartement

Un chat heureux en appartement

Docteur Laetitia Barlerin

rustica éditions

Dépôt légal : septembre 2007
ISBN : 978-2-84038-755-8
N° d'éditeur : 48647

www.rustica.fr
www.fleuruseditions.com

Sommaire

Avant-**propos**

En seulement quelques millénaires, le chat est passé du monde du désert à l'intérieur douillet de nos habitations. Aujourd'hui, sur une population avoisinant les 10 millions d'individus, un tiers des chats français vivrait en appartement. Et la tendance est à la hausse, en raison de l'engouement croissant des citadins pour nos félins domestiques.

On dit souvent que « le bonheur est dans le pré », mais est-il aussi dans la maison ? D'aucuns pensent qu'il est contre-nature de confiner un chat dans un appartement. Examinons les faits… L'espérance de vie d'un chat qui sort n'est que de 4 ans tandis que celle d'un chat vivant à l'intérieur est de 15 à 20 ans. Une telle différence est liée aux dangers de la vie à l'extérieur : accidents de la route, bagarres avec des congénères ou d'autres animaux, exposition élevée aux maladies infectieuses, empoisonnements, actes de malveillance… En revanche, un chat d'intérieur est davantage sujet à l'ennui et à l'anxiété si ses conditions de vie ne permettent pas de satisfaire ses besoins comportementaux naturels. Car, oui, un chat peut tout à fait être heureux dans un appartement, mais, non, ce mode de vie ne va pas de soi !

Ce livre est un mode d'emploi pour les (futurs) propriétaires de chats d'intérieur. Vous y trouverez tous les conseils pour bien choisir un chat destiné à vivre en appartement et 1001 trucs et astuces pour enrichir son environnement, le distraire et lui offrir une vie harmonieuse. Le but est de reconsidérer votre intérieur en tenant compte de son bien-être : avec quelques idées et beaucoup d'imagination, vous pourrez en faire un parc d'attractions félin, pour son plus grand bonheur et le vôtre !

Bonne lecture !

Docteur Laetitia Barlerin

CHAPITRE 1

Un chat peut-il vivre en appartement ?

La vie privée du chat...

La vie en appartement vous semble contre-nature pour le chat ? Mais vous êtes-vous demandé quelle est la vraie nature de ce petit félin ? Qu'est-ce que la domestication a changé chez lui ? En d'autres termes, qu'est-ce qu'une vie de chat ?

Le chat sauvage d'Afrique ou chat ganté est probablement l'ancêtre de notre chat domestique. Sur de nombreux points, ce dernier est très proche de son cousin sauvage.

L'éthogramme

Quand on possède un animal, le plus important est d'assurer son bien-être. Être nourri, abreuvé et protégé ne suffit pas. Le bien-être dépend des conditions de vie, qui doivent répondre aux besoins naturels de l'animal... et non aux besoins de son maître ! L'analyse des différents comportements et activités au sein d'une espèce s'appelle l'éthogramme. Connaître celui du chat en tenant compte de ses origines permet de mieux cerner ses besoins.

Le chat sauvage, son ancêtre et cousin

Le petit félin ronronnant sur vos genoux (*Felis silvestris catus*) aurait comme ancêtres le chat sauvage d'Afrique ou chat ganté (*Felis silvestris lybica*), qui peuplait l'Afrique du Nord, et peut-être le chat sauvage du désert ou chat orné (*Felis silvestris ornata*), originaire d'Asie. Ces deux espèces existent encore de nos jours. Le chat sauvage d'Afrique est un félin svelte au pelage de couleur sable, qui vit et chasse en solitaire dans des régions (semi-)arides. Il évite ses congénères et défend les zones stratégiques de son territoire. Son menu quotidien est fait de petites proies (rongeurs, oiseaux, lézards, serpents...). À l'inverse du chat sauvage européen, très farouche envers l'homme, il n'a pas peur d'approcher ce dernier et est l'un des seuls félins à pouvoir s'apprivoiser facilement. Pour cette raison, confortée par des similitudes génétiques et anatomiques entre les deux espèces, *Felis silvestris lybica* est probablement l'ancêtre du chat domestique.

LES MODIFICATIONS LIÉES À LA DOMESTICATION CHEZ LE CHAT

– Le chat devient moins dépendant de ses sens pour sa survie, donc la taille de son cerveau diminue.
– Il est moins craintif : ses glandes surrénales, qui agissent sur le réflexe de défense et de fuite, diminuent de taille.
– Il n'a plus besoin de camouflage dans la nature donc sa robe arbore des couleurs variées.
– Son régime alimentaire devient relativement moins strict que celui du chat sauvage : son tube digestif s'allonge.
– Au contact de l'homme, son répertoire vocal s'enrichit.
– Le chat devient affectivement dépendant de l'homme, et des comportements infantiles persistent à l'âge adulte : ronronnement, jeux, liens affectifs durables...

Sa domestication

Les débuts d'une relation entre l'homme et les chats auraient coïncidé avec la naissance de l'agriculture, et surtout celle des greniers à céréales ! On sait que, dès 4 000 ans avant J.-C., les civilisations mésopotamienne et égyptienne parvinrent à stocker les excédents de récoltes et eurent recours aux chats pour exterminer les rongeurs, pilleurs de greniers. Plutôt que de domestication, certains auteurs parlent « d'autodomestication » du chat : c'est le chat qui est venu à l'homme et s'est adapté à sa vie. En effet, l'histoire a voulu que l'un des pires ennemis de l'homme à l'époque – les stocks de céréales représentaient une vraie richesse, et donc le pouvoir – soit la proie préférée du chat sauvage. Peu craintif, ce dernier s'est approché des cités et a commencé à chasser la nuit dans les réserves à blé. De commensal, le petit félin est devenu un animal familier (qui entre dans les maisons), puis, plus tard, de compagnie. Il a évolué au contact de l'homme et aurait connu une mutation génétique mineure mais indispensable pour sa survie dans un tel contexte : la capacité à s'habituer à notre présence et à vivre à nos côtés. Le chat domestique était né.

Cependant, si l'on compare à d'autres animaux, comme le chien ou la vache, la domestication a entraîné beaucoup moins de changements physiques, anatomiques et surtout comportementaux chez le chat (voir encadré ci-dessus). Sur de nombreux points, il reste très proche de ses cousins sauvages.

Le chat de compagnie, un gentil sauvage

Certains le disent distant, indépendant, sans maître... Pourtant, bien socialisé à l'homme, un chat apprécie sa compagnie et ne peut s'en passer. Même s'il n'y a pas de relation hiérarchique entre eux comme entre un chien et son maître, le chat de compagnie est dépendant de l'homme pour la nourriture, le confort, la sécurité, et l'affection ! Cela ne l'empêche pas de garder des instincts et un comportement hérités de ses ancêtres sauvages.

• Une journée de chat

L'éthogramme naturel du chat, que celui-ci soit sauvage ou domestique, comprend 4 grands types d'activité (ou d'inactivité !) :

– le sommeil ;
– la chasse et les jeux ;
– le toilettage ;
– la satisfaction de ses fonctions vitales, à savoir : alimentation, élimination et reproduction.

Le chat domestique diffère de son cousin sauvage par le temps qu'il consacre à chaque activité : il dort et joue plus, chasse moins…
Par ailleurs, il se distingue par l'importance donnée à une activité qu'il a développée au contact de l'homme : les interactions sociales.

• Son territoire

Plutôt que de territoire, il serait plus exact de parler de « champs de vie ». Le chat est un animal territorial, donc attaché à l'espace où il vit, au point de l'organiser et de le défendre. Mais son territoire n'est pas une propriété bien délimitée dont les frontières sont défendues contre

➲ À la différence de ses cousins sauvages au pelage sable et terne, la robe du chat domestique peut arborer une multitude de couleurs variées.

➲ L'une des conséquences de la domestication chez le chat est l'augmentation du temps passé à une activité individuelle ou sociale : le jeu.

les intrus. Son territoire s'organise en un ensemble de multiples champs territoriaux (ou champs de vie), zones où le félin effectue une activité particulière (un peu, par comparaison, comme les différentes pièces d'une maison).

On distingue classiquement :

– des champs d'activité : terrains de chasse, terrains de jeux, zones d'élimination (ses « toilettes »), postes d'observation, lieux où il mange ;

– des champs d'isolement : ils correspondent aux différents lieux de couchage, au calme et près d'une source de chaleur de préférence !

Le chat passe d'un champ à un autre par un chemin, toujours le même, et se constitue ainsi sur un territoire donné son réseau de « chemins » personnels, qui relient les champs entre eux. Cette organisation permet à plusieurs chats de vivre sur le même territoire, chacun prenant un chemin différent, ce qui permet d'éviter les conflits. Les champs et les chemins sont balisés par des marques odorantes (frottement de la face, dépôt d'urine) ou visuelles (griffades).

Un chat en appartement, est-ce contre-nature ?

Pour qu'un chat puisse vivre heureux en appartement, il faut veiller à satisfaire non seulement ses besoins vitaux (manger, boire, se reposer, bouger...), mais aussi ses besoins comportementaux naturels. En effet, tout l'amour qu'on peut lui donner ne suffit pas ! Il convient de tenir compte de son éthogramme naturel et de faire en sorte qu'il ait les conditions requises pour effectuer les différentes activités qui le composent. C'est important pour son équilibre moral et physique. Ensuite, il faut veiller à ce que l'appartement où vit le chat présente tous les éléments qui lui permettent de l'organiser en champs de vie distincts et stables.

Le saviez-vous ?

Chat haret/chat sauvage Le chat haret est un chat domestique retourné à l'état sauvage. À ne pas confondre avec le chat sauvage, qui est une espèce sauvage distincte du chat domestique.

LE CHAT ERRANT

Solitaire dans l'âme, le chat peut aussi vivre dans un groupe organisé et stable. Cependant, son comportement social, c'est-à-dire sa faculté à vivre en société avec les hommes et/ou ses congénères, dépend de trois paramètres : son apprentissage précoce (socialisation), la densité de chats et la quantité de nourriture disponible.

Le chat errant est un chat domestique qui, n'ayant pas connu l'homme étant petit, se méfiera toujours de lui : il reste « sauvage ». Il évite son contact, mais il ne s'éloigne pas des maisons. Il survit souvent grâce à l'homme, se nourrissant de nuisibles sévissant dans ses récoltes ou ses granges, de détritus dans les poubelles ou de croquettes distribuées par des personnes bienveillantes.

Il accepte de vivre en groupe si la nourriture ne manque pas, l'absence de concurrence alimentaire réduisant les conflits. Sinon, il préfère chasser seul sur un territoire défendu contre les autres chats.

La structuration d'un groupe de chats errants repose sur les femelles et leur filiation : un groupe stable est composé de plusieurs générations de femelles liées par le sang et de leurs petits. Les mâles sont écartés du groupe à la puberté, se dispersent ou forment de petits groupes satellites. Il n'existe pas de hiérarchie stricte au sein d'une société de chats, à l'inverse d'une meute de chiens. Le statut social n'est pas figé et peut varier d'un jour sur l'autre.

Bien choisir un chat d'appartement

Si tous les chats s'accommodent généralement bien d'une maison avec jardin, il n'en est pas de même d'un appartement : certains ne pourront jamais s'habituer à cet espace restreint, quel que soit son aménagement, et développeront des troubles du comportement. Choisir le chat en connaissance de cause est donc primordial.

Renseignez-vous sur ses origines

Un chat d'appartement devrait être idéalement un chat né... en appartement ! Plus précisément, un chat qui a grandi et n'a vécu qu'en appartement, et qui n'a que cet environnement comme référence. En effet, pour les spécialistes du comportement, le milieu de vie du chat devrait être en adéquation avec celui où il s'est développé. Pendant son enfance, le chaton est confronté à de multiples stimuli (images, bruits, odeurs, températures, matières, substrats, animaux...) présents dans son environnement : il s'y habitue rapidement, s'en imprègne et se forge comme un « référentiel de vie ». Si, plus tard, il est placé dans un lieu très différent du point de vue des stimuli, il se met à stresser et aura du mal à s'adapter, tel un chien qui, ayant grandi à la campagne, se retrouve subitement en ville et panique ! Ainsi, un chat qui a connu, petit, un milieu hyperstimulant comme peut l'être un jardin, qui en a fait son terrain de jeux, qui y a développé ses talents de chasseur, aura énormément de mal à vivre en appartement, qui, par définition, est beaucoup moins stimulant. Il y sera tel « un lion en cage ».

En pratique, évitez d'adopter un jeune chat ayant grandi dans la rue ou dans une ferme. Le mieux est de choisir un chaton né en appartement, chez un particulier ou issu d'un élevage. Si vous adoptez un adulte (dans un refuge...), assurez-vous qu'il a toujours vécu en appartement, sinon il risque de développer des troubles du comportement.

PAS D'ADOPTION TROP PRÉCOCE !

La loi est catégorique : un chaton ne doit pas être vendu ni cédé avant l'âge de 2 mois. Sa mère est en effet indispensable à son bon développement comportemental pendant les premières semaines de sa vie. Elle lui apprend à s'autocontrôler et à ne pas réagir exagérément à tout stimulus. Un chaton adopté avant 8 semaines aura du mal à vivre dans un appartement : hyperactif, hypernerveux, il saccagera les lieux et ne pourra jamais être éduqué.

Quel doit être son âge ?

Si le chat n'est jamais sorti, jeune ou adulte, peu importe son âge au moment de l'adoption. Dans le cas inverse, il vaut mieux choisir un chaton plutôt qu'un adulte et le prendre le plus tôt possible, c'est-à-dire à 2 mois : si le jeune est bien socialisé et si l'appartement est bien aménagé, le passage d'un milieu ouvert (maison avec jardin) à un milieu fermé n'entraînera que peu de frustration à cet âge.

La race, un critère pas anodin

Même si cela dépend aussi de l'individu, de son vécu et de l'aménagement du logement, certaines races de chat seraient moins aptes que d'autres à vivre en appartement. Ainsi, les chats dits « géants », tels le Maine Coon, le Chat des forêts norvégiennes (ou Skogkatt) et le Sibérien, ont besoin d'un grand espace de vie. Ils aiment le grand air, car ils ne craignent pas le froid. Un appartement composé de deux ou trois pièces est très insuffisant pour ces chats, sauf s'il donne sur

De vous à moi

L'élevage, quand il est sérieux, est peut-être le meilleur endroit où trouver un futur chat d'appartement : les chatons n'ont généralement pas accès à l'extérieur et ils sont parfaitement socialisés. N'hésitez pas à visiter l'élevage avant l'achat et à questionner l'éleveur sur le comportement et les conditions de vie recommandées pour un chat de la race désignée.

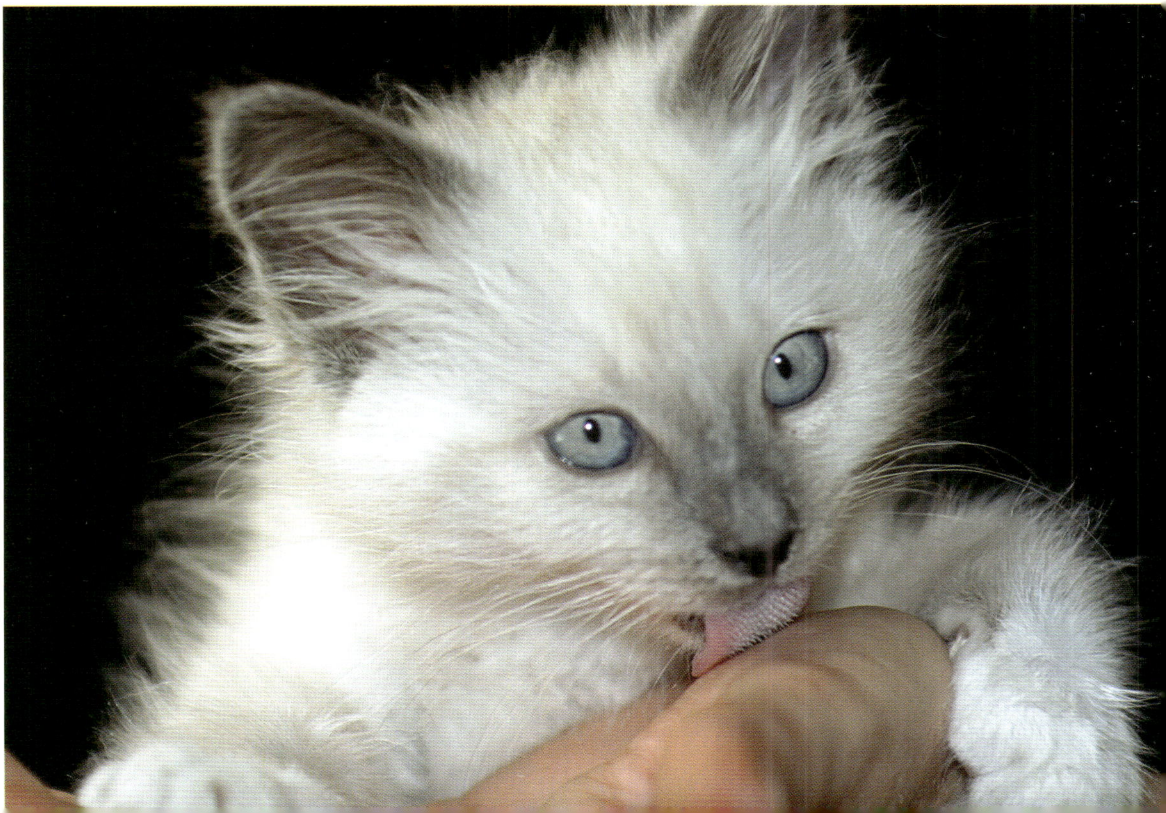

Les chatons issus d'élevage (comme ici un Sacré de Birmanie) ont l'avantage d'être bien socialisés à l'homme et d'avoir déjà connu la vie en milieu clos.

Le saviez-vous ?

Mâle ou femelle ? Dans la nature, un chat mâle a un territoire plus grand que celui d'une femelle. Mais cela ne veut pas dire que la femelle soit plus apte à vivre dans un espace restreint comme un appartement. Le mâle a besoin de « visiter » le domaine de vie de plusieurs femelles pour assurer sa descendance. Le problème ne se pose pas en appartement, d'autant plus que les mâles sont généralement castrés. En conclusion, le sexe n'est pas un critère de choix.

un jardin ou une grande terrasse protégée. Des sorties en laisse et en harnais sont conseillées si ces chats doivent vivre en appartement, quelle que soit sa surface.

Des chats très vifs, sensibles et nerveux comme le Bengal, l'Abyssin ou le Somali tournent vite en rond dans un appartement et ne vivent que pour une chose : tenter de sortir ! Le Bengal, qui a du sang de chat sauvage, peut même ravager votre intérieur et devenir rapidement invivable.

Certaines races sont en revanche connues pour aimer le confort douillet d'un appartement : les placides Persans et Ragdoll et les races frileuses comme le Siamois, le Devon Rex, le Cornish Rex et, bien sûr, le Sphinx ou chat nu !

Plus généralement, un chat de race ou un chat de gouttière peuvent très bien s'épanouir dans un appartement s'il s'est développé dans un endroit clos, petit, comme cela est le cas la plupart du temps dans les élevages.

L'importance de la socialisation

Plus un chat est mal socialisé à l'homme, plus il aura du mal à vivre dans un appartement. C'est logique : un milieu fermé impose une proximité – pour ne pas dire une promiscuité – avec l'homme, source de stress chez un animal qui le craint.

Un chat bien socialisé est un chat qui considère l'être humain comme une espèce amie et accepte (et recherche) son contact et ses caresses. La socialisation doit avoir lieu chez le chat avant l'âge de 2 mois : les chats mal socialisés sont ceux qui ont eu peu ou pas de contacts (physiques et bienveillants) avec des personnes pendant cette période. Ils ont instinctivement peur de l'homme, le fuient et refusent ses câlins. Enfermés dans un appartement, ils deviennent de vrais tigres en cage. Il s'agit typiquement de chatons errants recueillis dans la rue à plus de 2 mois d'âge et qu'il est difficile de manipuler dès le départ. Ces « petits fauves » peuvent devenir, avec beaucoup de temps et de patience, des chats de compagnie moins distants et moins peureux, et parfois même câlins s'ils… ont assez d'espace pour prendre de la distance. « L'apprivoisement » est beaucoup plus périlleux quand ils vivent dans un milieu clos.

CHOISIR LE BON MAÎTRE

Pour rendre un chat heureux en appartement, il faut aussi trouver le bon maître. Le chat pâtit de sa réputation d'animal indépendant, qui laisse à penser qu'il aime et supporte bien la solitude. Or, un chat domestique a viscéralement besoin de contacts sociaux, d'attention, de câlins et de caresses. Quand il ne peut sortir pour rencontrer des congénères, c'est de vous qu'il a besoin ! Si votre travail vous force à vous absenter 12 heures par jour et si vous passez le week-end à pratiquer des activités à l'extérieur, n'adoptez pas de chat !

Un chat bien socialisé
est un chat qui accepte
et recherche le contact
et les caresses des humains.

Peut-il devenir claustrophobe ?

Vous rêvez d'un chat, mais vous avez peur qu'il ne supporte pas de vivre enfermé. Certains chats développent, il est vrai, des troubles du comportement liés à une vie en milieu clos, mais ce n'est pas la règle !

Le quart d'heure de folie

Dans ce cas, votre chat se met subitement à courir dans tous les sens, escalade les meubles, tout en émettant des vocalises ! Cette phase de surexcitation dure 1 à 2 minutes et est suivie d'une phase plus calme où il entame avec frénésie une séance de toilettage. Ce comportement est normal chez les chats d'appartement : il permet d'évacuer le trop-plein d'énergie emmagasiné pendant la journée. Un peu comme nous qui évacuons nos tensions par une activité physique, le chat a besoin de se défouler : ces moments de folie sont nécessaires à son équilibre psychique. D'ailleurs, ils ne sont pas spécifiques des chats d'appartement et se retrouvent chez les chats qui sortent dans le jardin.

Le chasseur de chevilles

Vous rentrez chez vous et votre chat surgit et vous mord la cheville avant d'aller se cacher, prêt pour une nouvelle attaque ! En fait, le chat adopte un comportement de prédateur envers vous. La cause première de ce comportement agressif est la faim : ces chats sont le plus souvent des chats d'appartement qui ne reçoivent qu'1 ou 2 repas quotidiens. Or le chat est un grignoteur (voir p. 48) et a besoin d'aller « picorer » dans sa gamelle 10 à 20 fois par jour. Dans le cas contraire, il arrive dans un tel état de faim le soir qu'il s'attaque à tout ce qui bouge. Une distribution de l'aliment en libre-service réduit en général ce comportement, sauf en cas d'anxiété. Elle doit être associée à des jeux et à un enrichissement de son environnement pour qu'il puisse assouvir ses instincts de chasseur (jouets qui roulent, espaces aménagés sur des étagères, par exemple).

Le tigre en cage

Le mal-être d'un chat en appartement peut s'exprimer par ce que l'on appelle l'anxiété en milieu clos : il est peu câlin, distant et agressif envers ses maîtres. Il s'attaque à tout ce qui bouge (agression prédatrice). Il s'en prend aussi à la main qui essaie de le caresser (agression par irritation). Le maître tente souvent, à tort, de lui faire peur en criant ou de le punir : leurs relations se dégradent, et le félin, sur le qui-vive, attaque de plus en plus...

Les chats qui développent une anxiété en milieu clos sont souvent des animaux qui, habitués à sortir, se retrouvent enfermés dans un appartement. La frustration engendre des tensions, de l'anxiété, qui peuvent induire des comportements agressifs. Ceux-ci sont d'autant plus marqués et précoces que le chat a été mal socialisé à l'homme ; s'ajoutent alors des agressions par peur.

Pour prévenir l'installation d'un tel comportement, le choix du chat est primordial (voir pp. 14-17), mais pas seulement : l'aménagement de votre intérieur, l'enrichissement du milieu de vie du chat, la qualité des interactions ou bien la distribution en libre-service de l'aliment sont primordiaux. Si, au cours d'un jeu, votre chat ou votre chaton ne se contrôle plus et veut vous mordre ou s'il aime se mettre à l'affût pour sauter sur vos chevilles, faites diversion, soit avec un pulvérisateur d'eau, soit en lançant une balle à côté de lui. Quand les séquences d'agression sont trop fréquentes et que la cohabitation devient ingérable, un traitement prescrit par le vétérinaire est nécessaire.

Le malpropre

La propreté est la qualité première reconnue chez le chat. Or, il arrive que, du jour au lendemain, il se mette à uriner hors de son bac. L'origine de ce problème peut être sexuelle (mâle en rut, chatte en chaleur), médicale (cystite, douleurs articulaires...), ou bien liée au bac (voir pp. 64-67). Mais, dans bien des cas, l'origine est psychogène : les marquages urinaires sont alors une manifestation d'un état anxieux ou dépressif. En appartement, ce trouble a des causes variées : déménagement, arrivée d'un autre animal, d'un bébé... Une absence prolongée du maître ou bien l'ennui peuvent aussi le déclencher. Une malpropreté subite est donc le signal d'alarme d'un mal-être : elle doit amener d'abord à consulter un vétérinaire, puis éventuellement à changer son environnement et vos relations avec lui.

Le destructeur

Si faire ses griffes sur un arbre à chat ou le canapé fait partie du comportement normal du chat, saccager les papiers peints du salon dénote en revanche un trouble émotionnel. L'exacerbation du comportement de griffade est en effet un signe d'anxiété, générée par une perturbation de son territoire ou des relations avec les personnes du foyer. Les causes sont variées, mais la vie dans un milieu clos exempt de stimuli visuels, d'activités ludiques ou de chasse est un facteur favorisant le développement de ce trouble. Gronder le chat ne sert à rien et ne fait qu'aggraver le trouble.

LE « ROLLING SKIN SYNDROM »

Le « rolling skin syndrom » est l'apparition régulière chez le chat de frémissements de la peau du dos, décrits comme des ondes horripilatoires. Il fait partie des signaux d'un état anxieux chez le chat.

Il se lèche beaucoup...

L'anxiété et le mal-être d'un chat peuvent aussi s'exprimer par un comportement de toilettage excessif. Comme souffrant d'un TOC (trouble obsessionnel compulsif), le chat passe de longues heures à se lécher : ce geste l'apaise et calme ses tensions émotionnelles. Comme la langue râpeuse « casse » le poil qu'elle lèche avec insistance, les chats anxieux ont souvent des dépilations sur le ventre, les flancs et l'arrière des cuisses. Une boulimie peut être associée.

L'arrivée du chaton et son adaptation

La petite boule de poils va bientôt arriver chez vous et vous vous demandez comment faire pour qu'elle s'adapte au mieux à sa nouvelle maison. Les choses vont se faire naturellement, mais pensez à l'éduquer !

Une arrivée dans le calme

Avant l'arrivée de votre petit compagnon, n'oubliez pas d'acheter et de disposer ses divers accessoires : bac à litière, gamelle, arbre à chat, griffoir, couffin, jouets...

Son arrivée doit se faire dans le calme pour ne pas l'effrayer. Ouvrez sa cage de transport au milieu du salon et laissez-le découvrir sa maison. Les chatons intrépides iront tout de suite visiter les pièces et escalader les meubles. Les plus timides se cacheront sous un lit ou une armoire et n'en sortiront qu'au bout de plusieurs heures : cette réaction est normale, le chaton se trouve sur un territoire inconnu, il se cache par instinct, le temps d'analyser la situation et d'évaluer le danger.

LE STRESS ALIMENTAIRE

Il est préférable de lui donner les premiers temps la même alimentation (même marque de boîtes ou de croquettes) que celle qu'il mangeait dans son précédent foyer. Un changement brusque de régime alimentaire associé au stress de l'adoption risquerait d'engendrer chez lui des troubles digestifs. Si vous voulez passer à une autre alimentation, observez une transition sur une semaine.

Rassurez-le les premiers jours

En adoptant votre chaton, vous venez sûrement de le séparer de sa mère et de sa fratrie : les premières semaines chez vous, il aura besoin de présence et de contacts. Les premières nuits, il peut miauler d'un ton plaintif. Pour le rassurer, laissez-le dormir à vos côtés. Évitez d'aller le chercher la veille d'une semaine chargée en travail. Pour son équilibre psychique, il a besoin d'avoir une mère de substitution, un repère affectif : prenez quelques jours de congés pour que vous fassiez bien connaissance, qu'il s'attache à vous et s'acclimate vite à sa nouvelle vie.

Éduquez-le !

Avant l'âge de 6 mois, votre chaton doit assimiler les bases de son éducation :

- **L'apprentissage de la propreté**

Sauf exception, lors de l'adoption, les chatons ont déjà appris avec leur mère à utiliser la litière. Pour qu'il repère bien les « toilettes » mises à sa disposition dans la maison, accompagnez-le jusqu'au bac, mettez-le dedans et faites-lui gratter le gravier. Quelques gouttes d'eau de Javel sous la litière le stimuleront.

• Le contrôle de la morsure et des griffures

Votre chaton aura tendance à mordre ou griffer au cours des jeux. Attention, l'erreur serait de croire qu'il se « fait les dents » et qu'il faut donc le laisser faire. Au contraire, vous devez poursuivre l'éducation débutée par sa mère : quand son petit lui faisait mal en jouant ou était trop violent avec un autre chaton, elle le réprimandait. Vous devez donc lui apprendre à contrôler sa mâchoire et ses griffes : dès que le jeu commence à dégénérer, stoppez-le et donnez une claque sur son nez avec votre index. S'il ne se calme pas, prenez-le par la peau du cou, couchez-le sur le flanc et grattez-lui énergiquement le ventre.

• La tolérance à la manipulation et aux caresses

Pour que votre chaton devienne un chat câlin et facile à soigner, caressez-le et manipulez-le souvent.

• La socialisation à l'espèce humaine et aux autres animaux

Même s'il doit vivre en appartement, votre chaton a besoin de poursuivre sa socialisation afin que, devenu adulte, il soit très tolérant envers les visiteurs et ne développe pas de phobie sociale. Faites-le manipuler par toute personne (enfant ou adulte) qui vient vous rendre visite. Acceptez également qu'il rencontre des chiens équilibrés et qui aiment les chats. Profitez de son arrivée pour adopter un bébé lapin, rat ou cochon d'Inde, afin qu'ils deviennent bons amis.

> **De vous à moi**
>
> *Pour que les déplacements avec mon chat ne posent pas de problème, je l'ai habitué dès l'âge de 2 mois à différents types de transport. Aujourd'hui, quand il est dans sa cage de transport, il ne bouge pas, ne miaule pas et attend patiemment.*

• L'art et la manière de griffer

Le comportement de griffade est naturel chez votre chaton, mais ce dernier peut vite jeter son dévolu sur votre canapé en cuir. Dès son plus jeune âge, apprenez-lui quels sont les substrats interdits et ceux qui sont autorisés (voir pp. 76-79).

• La prévention des conduites dangereuses du chaton

Joueur, insouciant et maladroit, il est le candidat idéal pour l'accident ménager : fils électriques mâchouillés, plantes ingérées, escalade du balcon… Soyez vigilant !

Au moment de l'adoption, le chaton a déjà appris auparavant avec sa mère à utiliser le bac à litière.

CHAPITRE 2

La santé du chat d'appartement

Gérer sa sexualité, **une nécessité !**

Les manifestations d'une activité sexuelle chez le chat sont peu compatibles avec une vie en appartement. Miaulements et roucoulades incessants, malpropreté, odeurs… que faire pour les éviter ?

Les vocalises de la chatte

Qu'elle vive seule ou non, dans un appartement ou à l'extérieur, la chatte est régulièrement en chaleur. Contrairement à la chienne, ses chaleurs n'ont pas lieu tous les 6 mois, mais toutes les 2 ou 3 semaines, et ce pendant une grande partie de l'année : la saison des amours chez les chats dure de février à septembre sous nos climats.

Pendant les quelques jours (6 en moyenne) que durent ses chaleurs, la chatte ne perd pas de sang, mais est très démonstrative : elle se roule au sol, est très câline, relève son arrière-train quand on lui caresse le dos, roucoule et pousse des miaulements aigus. Ces vocalises deviennent très vite invivables, d'autant qu'elle tente de s'enfuir ! À noter : les chattes atteignent leur maturité sexuelle entre 6 et 10 mois.

Ma chatte est en chaleur toute l'année

En appartement, une chatte peut manifester une activité sexuelle en plein hiver, qui serait liée à l'éclairement artificiel. En effet, les chattes sont sensibles à la photopériode : dans la nature, au printemps, les chaleurs sont déclenchées par l'augmentation des jours, et l'anœstrus hivernal correspond aux mois à plus faible luminosité.

LE MARQUAGE URINAIRE CHEZ LES FEMELLES

Le marquage urinaire d'origine sexuelle n'est pas l'apanage des mâles. Pendant leurs chaleurs, les chattes ont des mictions plus fréquentes dans et en dehors de leur bac à litière. Leurs urines chargées de phéromones sexuelles sont très attractives pour les mâles entiers et parfois les mâles castrés !

Les pipis du mâle

La puberté chez un chat mâle qui ne sort pas ne passe pas inaperçue : les urines dans le bac dégagent une odeur forte, et, surtout, le mâle marque son territoire. Le marquage urinaire est un comportement normal : stimulé par ses hormones sexuelles, le chat « arrose » des endroits ou des objets stratégiques dans son environnement (coins de murs, canapé, couette…). Il urine en position debout, le dos arrondi, le poil hérissé et la queue bien droite secouée de tressaillements. Puis il pétrit le sol et renifle son urine. La fréquence des marquages est augmentée si plusieurs chats vivent sur le même territoire. Elle est peu liée aux saisons, surtout en appartement. Parallèlement, le caractère du mâle pubère change : il peut devenir plus actif et surtout bagarreux avec ses congénères (mâles ou chats stérilisés), même s'ils ont toujours vécu ensemble.

Faut-il la faire reproduire ?

Dire qu'il faut faire reproduire ne serait-ce qu'une fois sa chatte est une idée reçue issue d'un raisonnement anthropomorphique : une chatte qui n'a jamais connu les « joies de la maternité » n'en sera affectée ni physiologiquement ni psychologiquement. D'ailleurs, la gestation, la mise bas et la lactation sont des périodes éprouvantes et non dénuées de risques. Et il n'est pas facile ensuite de placer les chatons et de s'assurer du sérieux des familles d'adoption. Enfin, le comportement maternel de la chatte ne se met en place qu'après la naissance et ne résulte dans un premier temps que d'un ensemble de réflexes instinctifs.

Dans le même ordre d'idées, un chat mâle n'a pas besoin de « vivre pleinement sa sexualité ». Le chat ignore qu'il a été castré et ne se sent pas « diminué ». D'ailleurs, un chat castré sur dix conserve des comportements sexuels plus ou moins complets (comportement de monte…).

Une solution : la stérilisation

Seule la stérilisation peut faire disparaître durablement les comportements sexuels indésirables.

• Chez la femelle

Le retrait chirurgical des ovaires (ovariectomie), associé éventuellement à celui de l'utérus (ovariohystérectomie), entraîne l'arrêt définitif des chaleurs et permet donc une meilleure cohabitation. Le recours aux contraceptifs (« pilule pour chats » ou injection de progestatifs) est déconseillé, car ces hormones peuvent entraîner une hypertrophie mammaire (augmentation spectaculaire des mamelles), une prise de poids importante et une métrite, infection de l'utérus nécessitant une opération en urgence. La contraception chimique n'est donc pas une solution à long terme : elle doit être réservée aux jeunes chattes destinées à la reproduction. Dans tous les cas, elle doit se faire sous contrôle d'un vétérinaire.

La chatte peut être opérée dès l'âge de 5 ou 6 mois, ou juste après ses premières chaleurs. Outre la disparition des chaleurs, cette intervention permet de prévenir les problèmes génitaux d'ordre infectieux (métrite) ou tumoral (cancer des ovaires…) et surtout de diminuer le risque de développement d'une tumeur mammaire.

• Chez le mâle

Les problèmes de marquages urinaires du mâle pubère sont rapidement résolus avec la castration (retrait des testicules). S'ils persistent (ce qui reste rare), un trouble comportemental dominé par l'anxiété est à rechercher. L'opération modifie souvent positivement le caractère du chat : il deviendrait plus casanier, moins belliqueux envers les autres chats et plus câlin ! La castration est conseillée dès l'âge de 5 ou 6 mois.

De vous à moi

J'observe fréquemment une perte de poids modérée et sans conséquence dans le mois qui suit la stérilisation d'un chat ou d'une chatte. L'erreur est de donner plus à manger, car l'animal regrossit vite après !

Chat d'intérieur = chat obèse ?

Si la sédentarité prédispose à la prise de poids, est-ce que l'obésité est une fatalité pour un chat vivant en appartement ? Non, heureusement ! Une alimentation adaptée et un bien-être assuré au quotidien suffisent à lui faire garder la ligne.

La prise de poids

Alors que, dans la nature, l'obésité est exceptionnelle chez le chat, 30 à 50 % de nos félins domestiques seraient en surpoids, et la majorité serait déjà obèse ! Et les chiffres vont en augmentant, ce qui est affolant quand on connaît les conséquences de l'embonpoint sur la santé du

La stérilisation et la sédentarité prédisposent à la prise de poids. Surveiller son alimentation est une nécessité.

chat (voir encadré en bas de page). Car le problème n'est pas esthétique, il est d'ordre médical : en le prédisposant à de nombreuses maladies, le surpoids diminue son espérance de vie.

- **Un manque d'activité**

Comme pour l'homme, la sédentarité et l'inactivité des chats citadins font partie des facteurs prédisposants connus. Car on prend du poids quand on mange plus de calories qu'on en dépense. Or, l'activité physique que peut connaître un chat qui sort, grimpe aux arbres, sur les clôtures et chasse augmente ses dépenses énergétiques et a un certain effet coupe-faim. Le chat d'appartement compenserait, lui, son manque d'activité en… mangeant ! Plus il mange, plus il grossit et moins il bouge : le cercle vicieux s'installe.

- **La stérilisation**

La stérilisation est un autre facteur de prise de poids, tant il est vrai que les hormones sexuelles augmentent les besoins énergétiques d'entretien et régulent l'appétit. Mais attention ! L'obésité n'est pas une fatalité chez le chat d'appartement stérilisé. C'est une maladie dont le chat peut guérir, et, surtout, qu'il est relativement facile de prévenir. En fait, tout dépend de la volonté… du maître !

La psychologie du maître d'un chat obèse...

En matière d'obésité féline, la vie en appartement n'explique pas tout, l'attitude du maître compte aussi énormément. En effet, beaucoup confondent amour et alimentation : pour eux, l'embonpoint de leur chat signifie qu'il est bien nourri, donc bien aimé, et qu'il le rend bien. « Quand l'appétit va, tout va. » Sottise ! En croyant bien faire, ces propriétaires mettent en danger la santé de leur animal.

Par ailleurs s'installent très vite entre le chat et son propriétaire des rituels générateurs de kilos : qui n'a jamais donné à manger à un chat qui miaule ? « La plainte du chat affamé » est en fait un comportement appris, presque un réflexe conditionné par la récompense : la nourriture. Or, le maître se méprend souvent sur la signification du miaulement et renforce ce comportement : en réalité, le chat miaule seulement pour entrer en contact avec lui ! D'ailleurs, il lui arrive souvent de regarder sa gamelle remplie sans même y toucher…

Le saviez-vous ?

Les hormones qui font grossir Des déséquilibres hormonaux secondaires à une pathologie (diabète, hyperadrénocorticisme) ou à un traitement (prise de progestatifs, de corticoïdes…) interviennent aussi, chez le chat, dans la prise de poids. Voilà pourquoi il est fortement conseillé de consulter votre vétérinaire si votre chat a beaucoup grossi.

Mon chat est-il gros ?

Pour le savoir, pesez-le régulièrement : montez sur la balance avec lui dans les bras. On parle d'obésité quand le poids est de 15 à 20 % supérieur au poids idéal. Par exemple, un Européen d'un poids standard de 4 kg est obèse s'il dépasse 4,8 kg ! Réagissez dès les premiers signes d'embonpoint : apparition d'un bourrelet de graisse sur le ventre, côtes difficilement palpables, chat oisif et gros dormeur.

LES CONSÉQUENCES DE L'OBÉSITÉ

L'obésité est néfaste à la santé et au bien-être du chat, car elle le prédispose aux affections suivantes :
- diabète sucré ;
- arthrose ;
- maladies de peau ;
- maladies cardio-vasculaires et respiratoires ;
- baisse des défenses immunitaires ;
- risques anesthésiques ;
- pancréatite.

COMMENT FAIRE MAIGRIR SON CHAT

Programmer un régime minceur pour son animal ne s'improvise pas. Un soutien vétérinaire est indispensable, ainsi qu'un bilan médical. En fonction de son état de santé, de son âge, de ses habitudes alimentaires et de son embonpoint, le vétérinaire prescrit une ration adaptée quantitativement et qualitativement à votre chat. Il fixe un objectif de poids et calcule le temps nécessaire pour l'atteindre. L'amaigrissement doit être progressif : on ne doit ni affamer l'animal ni mettre en jeu sa santé (une « fonte » trop rapide a des conséquences néfastes sur son foie). La perte de 20 % de son poids devrait prendre entre 4 et 6 mois. La patience est donc de règle. Ainsi, il est inutile de peser votre animal toutes les semaines, une pesée mensuelle suffit.

Enfin, sachez qu'en variant la nourriture de son chat on peut aussi le faire grossir : les félins apprécient généralement la nouveauté en matière d'alimentation et, même s'ils sont rassasiés, ils goûtent au nouveau plat proposé. Au final, ils mangent plus que s'ils avaient toujours le même aliment à disposition et se mettent à grossir.

La psychologie du chat obèse...

L'embonpoint peut cacher un mal-être chez le chat. Les vétérinaires comportementalistes ont l'habitude de voir des chats anxieux et... boulimiques ! Comme nous nous jetons sur une tablette de chocolat à la moindre contrariété, un chat qui souffre d'anxiété est souvent un gros mangeur, car l'ingestion de nourriture l'apaise momentanément. Les causes d'anxiété sont variées et peuvent être liées à la vie en milieu clos (voir pp. 18-19).

Si l'obésité peut être parfois la conséquence d'un trouble comportemental, elle modifie également le comportement de votre chat : plus lymphatique, moins joueur, gros dormeur, le chat obèse s'intéresse peu à la vie de famille (sauf aux mouvements dans la cuisine !). Il souffre de ses articulations en raison d'une arthrose galopante et devient moins habile pour se toiletter. La douleur liée aux problèmes de peau ou à l'arthrose peut le rendre irritable et agressif. Soyez attentif !

Des mesures simples

Un chat citadin stérilisé a bien moins de besoins énergétiques qu'un chat non opéré qui court la campagne. Ils ne doivent donc en théorie pas recevoir la même alimentation. Celle qui sera réservée au premier sera bien entendu moins énergétique et plus riche en fibres (pour « caler » l'estomac). Privilégiez des aliments industriels haut de gamme annoncés comme « light » ou « pour chats stérilisés » ou encore « pour chats d'intérieur ». Donnez-les en libre-service (les croquettes sont davantage appropriées) et ne changez pas d'aliment : le chat va lui-même se réguler. Des encas sont possibles, mais toujours avec parcimonie (voir p. 53).

Bien évidemment, pour garder la ligne, ces mesures diététiques doivent être accompagnées d'une activité physique régulière. Puisque vous ne pouvez pas vous rendre au parc avec votre chat, faites de votre appartement une salle de sport ! Les différents aménagements de votre intérieur ainsi que les activités proposées à votre félin seront abordés dans les prochains chapitres.

Un régime amaigrissant doit être associé à une reprise des activités ludiques, consommatrices de calories.

Oui aux vaccinations et aux vermifuges !

Aussi étonnant que cela puisse paraître, un chat vivant en appartement n'est pas à l'abri d'une maladie contagieuse ou d'une infestation parasitaire. Le vacciner et le traiter contre les vers sont une nécessité !

Le vacciner pour le protéger

En France, seulement 4 chats sur 10 seraient régulièrement vaccinés. Pourtant, le chat fait partie intégrante aujourd'hui de la famille et est en passe de devenir l'animal de compagnie du XXIe siècle. Pourquoi cette négligence ? Les raisons sont autres que financières : beaucoup de propriétaires ne comprennent pas pourquoi il faudrait vacciner un animal qui sort peu ou pas du tout : comment pourrait-il attraper des maladies contagieuses dans un endroit protégé comme un appartement ?

• Les modes de transmission
C'est oublier que les humains, eux, sortent et peuvent rapporter à la maison et transmettre à leur animal des virus pathogènes via leurs mains ou leurs semelles. Idem avec le chien, via son pelage ou ses coussinets ! Par exemple, on sait que le virus responsable du « typhus du chat » (ou panleucopénie féline) peut résister dans l'environnement plusieurs mois. Le chat lui-même est une possible source d'infection : il peut en effet être porteur depuis son enfance de bactéries et de virus, qui, à la moindre défaillance de son système immunitaire, en profitent pour se multiplier (cas des agents pathogènes du coryza). Enfin, votre chat peut un jour être amené à rencontrer des congénères pendant un week-end, des vacances...

• Les vaccins nécessaires
Un chat qui ne sort jamais devrait être vacciné *a minima* contre le **typhus**, la **chlamydiose** et le **coryza**. Deux injections à un mois d'intervalle sont réalisées en primovaccination (les trois vaccins sont mélangés dans le même flacon). Les rappels sont annuels et doivent être effectués durant toute la vie du chat. Lors de risques de contact avec d'autres chats, la vaccination contre la **leucose** est recommandée. Si vous vous rendez avec lui à l'étranger, en

De vous à moi

La vaccination est aussi et d'abord une consultation annuelle qui permet au vétérinaire de faire un check-up médical de votre animal, de détecter les premiers signes d'une affection et de vous conseiller sur la prévention.

Corse, dans les DOM-TOM ou dans un camping, ou bien si vous le confiez à une pension, la vaccination contre la **rage** est obligatoire.

Les vers, un risque réel

Les vers ronds ou ascaris et les vers plats ou ténias sont les principaux vers intestinaux que peut contracter le chat qui sort ou... qui vit en appartement. Car, même dans ce cas, le risque zéro n'existe pas, et il est d'autant plus important de traiter son animal contre les vers que certains sont transmissibles à l'homme, et surtout à l'enfant !

• Les modes de contamination

Le chat d'intérieur peut être contaminé de plusieurs façons. Par sa mère, lors de l'allaitement. Par le chien de la maison, qui peut lui transmettre un ver ténia, commun aux deux espèces. Par son maître, qui peut rapporter des œufs d'ascaris sur ses semelles. Par la puce, parasite de nos jardins et de nos intérieurs (voir pp. 40-41), qui est un vecteur de *Dipylidium* (un ténia). Par ailleurs, des larves d'ascaris peuvent s'enkyster dans les muscles du chaton et se « réveiller » quelques mois ou quelques années plus tard pour poursuivre leur développement et migrer jusqu'au tube digestif.

• La fréquence de vermifugation

Il est conseillé de vermifuger son chat au moins deux fois par an, pendant toute son existence. Demandez conseil à votre vétérinaire pour le choix du vermifuge. Les chatons, qu'ils soient nés ou non en appartement, sont vermifugés à partir de 3 semaines, puis tous les mois jusqu'à 6 mois et enfin tous les deux mois jusqu'à 1 an. En cas de reproduction, la chatte est vermifugée 15 jours avant et 15 jours après la mise bas. La présence d'enfants dans le foyer implique une fréquence plus élevée de traitements antiparasitaires. Enfin, la présence de puces justifie à elle seule un traitement contre les vers plats.

• Des signes d'appel

Certains signes d'infestation doivent vous conduire à vermifuger votre animal : des démangeaisons anales, un poil terne et « piqué », des troubles digestifs (en alternance diarrhée et constipation), un amaigrissement modéré sans raison apparente. Si les symptômes persistent ou s'aggravent, consultez alors votre vétérinaire.

FAUT-IL CONTINUER À VACCINER UN CHAT ÂGÉ ?

Les chats seniors ne sont pas dispensés de vaccination, bien au contraire ! Le troisième âge est une période à haut risque d'un point de vue médical : ses défenses naturelles sont moins efficaces, en raison à la fois de la vieillesse et des affections organiques fréquentes.
La vaccination d'un senior est aussi importante que celle d'un chaton. Elle permet par ailleurs un suivi médical, important à cette période de la vie.

Le saviez-vous ?

Les boules de poils La présence de vers intestinaux augmente le risque de formation chez le chat de trichobézoards, ces boules de poils qui le font vomir et peuvent obstruer son tube digestif.

Gare aux accidents **domestiques...**

Intoxications, chutes, brûlures... L'appartement n'est pas qu'un nid douillet, c'est aussi un champ de mines pour le chat, si on n'y prend garde. Ne dit-on pas qu'il vaut mieux prévenir que guérir ?

L'insouciance des chatons les entraîne souvent à mâchouiller et à ingérer des plantes vertes.

Les intoxications

Les intoxications par les antiparasitaires

La première cause d'intoxication chez le chat en France reste les antiparasitaires, et en particulier les pyréthrinoïdes, molécules utilisées dans plusieurs antipuces pour… chien ! En effet, ces deux espèces n'ont pas la même sensibilité aux molécules chimiques. Même un collier, une pipette ou un spray inoffensif pour un chiot peut tuer un chat ! N'utilisez qu'un antipuces recommandé par votre vétérinaire.

Les intoxications par les plantes

Les intoxications des chats par ingestion de plantes d'intérieur ne sont pas rares. Manger des végétaux est même un comportement normal chez les carnivores : ces derniers ingèrent les végétaux sur pied ou présents dans les intestins de leurs proies, ce qui représente un apport de fibres non négligeable. Ce qui ne veut pas dire que tous les chats sont attirés par les plantes ou que toutes les plantes les intéressent. Les vétérinaires constatent que ce sont les chatons les premiers exposés, car leur insouciance les entraîne à déterrer les plantes et à mâchouiller les feuilles et les fleurs. Les adultes sont en général plus méfiants, mais pas forcément à l'abri d'une intoxication : l'ennui, l'anxiété et/ou la vie en milieu clos peuvent les pousser à goûter aux plantes et à les apprécier ! Toutes les plantes d'intérieur ne sont pas dangereuses pour le chat, mais une cinquantaine tout de même sont à l'origine d'intoxications plus ou moins graves, allant de troubles

Plantes d'intérieur toxiques (liste non exhaustive)

Plante	Partie toxique	Toxicité chez le chat
Amaryllis	Bulbe	**
Arum (des fleuristes)	Feuille, tige, rhizome, latex	***
Asparagus	L'ensemble	*
Azalée	L'ensemble	**
Chlorophyton	L'ensemble	*
Chrysanthème	Feuille, fleur	*
Croton	Feuille, tige, latex	*
Cyclamen	Rhizome	***
Dieffenbachia	Feuille, tige, rhizome, latex	***
Ficus	Feuille, tige, latex	**
Gui	Rameau, baie	***
Houx	Baie, feuille	***
Jacinthe	Bulbe, feuille, fleur	*
Kalanchoe	Fleur, feuille	***
Laurier-rose	Feuille, fleur	***
Lierre	Feuille	*
Lys	Feuille, fleur	***
Muguet	Graine, fleur, feuille	***
Philodendron	Feuille, tige, rhizome, latex	***
Poinsettia (Étoile de Noël)	Feuille, tige, latex	*
Rhododendron	L'ensemble	**
Sansevière	L'ensemble	*
Schefflera	L'ensemble	**
Tulipe	Bulbe, feuille, fleur	*
Yucca	L'ensemble	*

Différentes parties de la plante peuvent être toxiques pour le chat.

digestifs bénins à la mort. N'avoir aucune plante ni fleur chez soi est la meilleure des préventions, mais que serait un appartement sans verdure ? Pour éviter que votre chat ne touche à vos plantes, mettez-lui à disposition un pot d'herbe à chat (voir p. 53). Mettez vos plantes hors de portée (en hauteur sur une corniche étroite...) ou vaporisez régulièrement sur les feuilles et les fleurs du jus de citron ou du piment dilué (Tabasco ®). Vous pouvez aussi placer des écorces d'agrumes, aux vertus répulsives, au pied des plantes. Faites diversion (lancer de balle ou de chaussettes, jet d'eau...) quand vous le surprenez à les mâchonner. Enfin, évitez de fleurir ou de décorer votre intérieur avec des plantes à haut risque (voir tableau p. 33).

• Les intoxications par les produits ménagers

L'ingestion de produits ménagers est possible et doit conduire à consulter en urgence un vétérinaire, car le pronostic vital est en jeu. Ce type d'accident est moins fréquent avec un chat qu'avec un chien, car les félins sont sensibles aux goûts acides et amers et plus méfiants. Mais le risque existe, et il faut connaître les produits les plus dangereux, les ranger en sécurité et les utiliser avec précaution :

– **Hydrocarbures** (white-spirit, essence de térébenthine, solvants, lave-vitre, dégraissant...) : l'intoxication peut résulter du léchage du produit badigeonné volontairement par le propriétaire sur le pelage pour ôter par exemple de la peinture.

– **Lessive** : ne lui donnez pas à boire après l'ingestion pour limiter la production de mousse dans l'estomac.

DES SIGNES ALARMANTS

Chez le chat, une intoxication se traduit d'abord par des signes digestifs : vomissements, diarrhée, salivation exagérée. Il peut également présenter des troubles nerveux comme des convulsions, des tremblements, une démarche anormale, voire une paralysie. Dans les cas graves, le chat tombe dans le coma.

– **Eau de Javel, détartrants, déboucheurs de canalisation** : ces caustiques provoquent des brûlures des coussinets, de la peau, de la bouche et de l'œsophage. Attention : ils sont très toxiques. Si vous utilisez de l'eau de Javel pour les sols ou la désinfection de la litière, utilisez-la bien diluée ou rincez-la bien.

– **Colles et petit matériel de bureau** (surligneur, feutre, blanc correcteur) : le chat peut les ingérer au cours de jeux ou en léchant une patte souillée.

– **Engrais pour plantes d'intérieur** : ils peuvent entraîner des diarrhées et des vomissements.

Les produits ménagers utilisés pour laver les vitres ou pour dégraisser sont particulièrement dangereux pour le chat.

PAS DE LAIT !

Le lait n'est pas le remède de grand-mère lors de l'ingestion d'un poison ! Abstenez-vous d'en donner si vous voyez votre chat absorber un toxique, il pourrait favoriser sa solubilisation et son absorption digestive et aggraver l'intoxication. Appelez plutôt votre vétérinaire ou un centre antipoison pour connaître la démarche à suivre.

Centres antipoison vétérinaires :
– CNITV Lyon (24 h/24) : 04 78 87 10 40.
– CAPA Ouest (24 h/24) : 02 40 68 77 40.
– CAPA Toulouse (9 h à 17 h) : 02 40 68 77 40.

– **Insecticides ménagers** : le chat peut ingérer des pièges appâts anti-fourmis ou anti-blattes, inhaler ou lécher un produit pulvérisé par erreur sur son pelage.

Les brûlures

Si les chats sont curieux, ils sont aussi prudents et évitent les flammes des bougies ou le feu dans la cheminée. Cependant, les risques de brûlures sont bien réels dans une cuisine : le chat aime grimper sur les tables et les plans de travail, et peut être en contact accidentellement avec un liquide bouillant (eau, lait débordant de la casserole, friture).

Le piège le plus fréquent est, comme pour les enfants, la plaque électrique, qui entraîne des brûlures des coussinets quand le chat a le malheur de marcher dessus. Si tel est le cas, il faut toujours dans un premier temps refroidir la zone brûlée en la plaçant pendant plusieurs minutes sous l'eau froide (pas de glaçon directement sur la plaie !). Si la brûlure n'est pas étendue, appliquez ensuite une pommade désinfectante et cicatrisante ou de la Biafine ®. Finissez par un pansement et consultez un vétérinaire pour qu'il évalue le degré de la brûlure et les soins à apporter.

Pour prévenir ces accidents malheureux, veillez à placer sur les plaques encore chaudes un couvre-plaque ou une casserole remplie d'eau froide. Enfin, interdisez le plan de travail à votre chat et surveillez le lait sur le feu !

Les blessures

Une porte qui se referme sur une queue, des coussinets tailladés par du verre cassé, une langue gourmande blessée par le rebord coupant d'une boîte de conserve,

La cuisine est un vrai champ de mines avec, par exemple, le risque de brûlure par un lait bouillant et débordant de la casserole.

un meuble ou un objet lourd qui tombe sur un chat maladroit... Les exemples d'accidents domestiques causant des blessures ne manquent pas. Cela dit, dans les faits, celles-ci ne sont pas si fréquentes et le restent beaucoup moins que pour un chat qui sort. Le chat est de nature curieuse et aime grimper sur les meubles et se faufiler entre les bibelots, mais, grâce à ses talents d'acrobate et d'équilibriste, il fait rarement tomber un objet. S'il peut sauter d'une hauteur vertigineuse (le haut de l'armoire normande !), les fractures, foulures et autres élongations suite à une mauvaise chute ne sont pas courantes chez cet animal souple et agile. Mais quelques précautions simples permettront de sécuriser votre intérieur : éviter les courants d'air et les portes qui claquent, bien refermer la poubelle, ne pas placer des objets lourds ou en verre sur des meubles bancals (fer laissé à refroidir sur la table à repasser)...

Les « chats parachutistes »

La chute d'une fenêtre, d'un balcon ou d'une terrasse représente le danger domestique numéro 1 pour les chats habitant des étages élevés. Et ne pensez pas que votre chat est une exception ou qu'il ne lui viendrait jamais à l'idée de se jeter dans le vide ! Le chat que l'on appelle « parachutiste » (même s'il

Le saviez-vous ?

L'art de bien atterrir Les études montrent que la gravité des lésions n'est pas proportionnelle au nombre d'étages (un chat peut avoir de légères blessures en sautant du quatrième étage et arriver mal en point en sautant du deuxième !) : tout dépend du temps de chute, de la possibilité pour le chat de se retourner et de se placer en position telle que l'impact au sol est amorti. La surface sur laquelle il « atterrit » compte aussi : une pelouse, ou mieux un buisson, amortit davantage une chute que le béton !

n'a pas de parachute !) est un classique de l'urgence vétérinaire, surtout à la belle saison, quand les fenêtres de l'appartement sont bien ouvertes... Les plus chanceux s'en sortent en présentant un état de choc et sans blessure grave. Mais, pour la plupart, la chute entraîne des fractures des membres et des lésions de la tête, voire des hémorragies internes fatales.

Pourquoi un chat tombe-t-il ? Ce qu'il y a de sûr est que la chute n'est pas volontaire, car un chat ne saute pas s'il ne peut pas évaluer la distance. Les jeunes et les seniors sont les plus touchés, les premiers par imprudence et maladresse, les seconds par manque de réflexes et de souplesse en raison du grand âge. On suppose que le chat a glissé sur la rambarde du balcon ou qu'il a essayé d'attraper une mouche ou un oiseau et a été déséquilibré.

Que vous viviez au premier ou au dixième étage d'un immeuble, la prévention des chutes est primordiale : interdisez au chat l'accès aux pièces que vous aérez, fermez bien fenêtres et portes-fenêtres quand vous vous absentez, installez des moustiquaires aux fenêtres et équipez vos balcons et terrasses de systèmes de sécurité (voir pp. 118-119).

Les électrocutions

Dramatiques dans leurs conséquences, les électrocutions restent rares chez le chat. Elles concernent surtout des jeunes qui, par jeu, mordillent des fils électriques ou la guirlande lumineuse du sapin de Noël. Cette imprudence entraîne au mieux une brûlure de la bouche et au pire un arrêt cardiaque.

Si votre chaton présente ce comportement dangereux, tentez la « punition à distance », qui consiste à l'asperger d'un jet d'eau à l'aide d'un pistolet à eau ou d'un spray à plantes. Vous pouvez aussi badigeonner les fils d'une substance répulsive pour le chat : jus de citron dilué, essence de citronnelle ou d'eucalyptus, quelques gouttes de Tabasco ®... Par ailleurs, offrez-lui à mâchonner divers jouets et un pot d'herbe à chat.

La noyade

Un chat peut se noyer non pas parce qu'il ne sait pas nager (c'est inné chez lui), mais parce qu'il n'arrive pas à sortir de l'eau et panique : c'est le cas quand il tombe dans une baignoire remplie d'eau ou dans la cuvette des toilettes. Il glisse sur les bords lisses et à pic et s'épuise à tenter d'en sortir. Surveillez bien votre bain et rabattez systématiquement le couvercle de la cuvette des toilettes.

Inspectez systématiquement l'intérieur de votre lave-linge et de votre lave-vaisselle avant de les mettre en marche : le chat aime se reposer dans des endroits retirés, chauds et douillets.

Vérifiez bien l'intérieur
de votre lave-vaisselle
avant de le mettre en marche !

Les bébêtes et autres **tracasseries...**

Même la vie en appartement ne protège pas de parasites comme les puces. Elle peut même favoriser certains soucis gastriques, des allergies et une exposition à des toxiques.

Des démangeaisons frénétiques ? Et s'il s'agissait de puces ?!

Les puces

Les puces sont les parasites numéro 1 du chat qui sort... et de celui qui ne sort pas ! Elles se sont adaptées à la vie aussi bien rurale qu'urbaine de nos compagnons à quatre pattes. Dans nos appartements, elles ont trouvé à la fois le gîte et le couvert (chauffage compris !) et n'ont plus besoin de mettre le nez dehors pour se développer.

En effet, les puces adultes vivent la majeure partie de leur vie dans le pelage de nos animaux (chat, mais aussi chien, furet, lapin, cobaye...), à se nourrir de sang et à pondre des œufs qui tombent au sol. Les formes immatures (œufs, larves, nymphes) sont, elles, présentes dans l'environnement. L'appartement leur offre les conditions idéales pour leur développement en matière de température et d'hygrométrie, et ce pendant toute l'année ! Le cycle de la puce est même accéléré dans nos habitations, si bien que cet insecte peut en seulement 2 ou 3 semaines pondre plus de 500 œufs ! Quand des puces s'installent chez vous, vous n'êtes pas près de les voir partir...

• Comment le chat attrape-t-il des puces ?
Si le chat ne sort jamais, les puces peuvent être introduites dans l'appartement par une personne ou un autre animal. Vous pouvez rapporter des œufs de ce parasite sur vos semelles ou même des puces sur vos vêtements. Le chien de la maison partage les mêmes puces avec le chat et peut donc le parasiter. Sur le balcon ou la terrasse, le chat risque de faire la connaissance du félin du voisin et... de ses puces ! Enfin, de nombreux chats d'intérieur attrapent des puces lors d'un week-end ou de vacances à la campagne ou dans un autre lieu parasité.

• Protégez vos animaux
Les chats d'appartement devraient être traités préventivement toute l'année contre les puces. Oubliez colliers, poudres et autres shampooings, peu efficaces dans le temps et potentiellement toxiques. Aujourd'hui, les vétérinaires recommandent l'utilisation de « spot on » : ces pipettes renferment une petite quantité de lotion à verser sur la peau de l'animal entre les deux épaules (pour éviter qu'il ne se lèche). De lui-même, le produit va pénétrer dans la peau et la protéger contre les infestations de puces, généralement pendant un mois. Si votre chat vit avec un chien, pensez aussi à traiter ce dernier.

• Traitez l'environnement
Il est indispensable de traiter également votre intérieur si vous découvrez ces indésirables dans le pelage de votre animal. On a calculé qu'une puce repérée dans le poil correspond à une centaine d'œufs, larves et nymphes dans l'environnement ! Traitez toutes les pièces avec des produits recommandés par votre vétérinaire, qui sont à la fois insecticides (ils tuent les puces adultes) et inhibiteurs de la croissance des puces (ils les « stérilisent »). Utilisez des diffuseurs, qui permettent une large propagation des principes actifs dans l'environnement, à raison d'un par pièce. Complétez par un spray pour les zones plus difficiles d'accès qu'affectionnent ces parasites : plinthes, dessous de meubles ou de lits... Laissez les produits agir pendant 3 heures en écartant les animaux de l'appartement, puis aérez et passez soigneusement l'aspirateur.
L'autre solution consiste à donner tous les mois à votre chat un inhibiteur de croissance des puces, soit sous forme de pâte orale, soit en pipette. Dans ce dernier cas, il est mélangé à l'insecticide. Demandez conseil à votre vétérinaire.

L'ALLERGIE AUX PIQÛRES DE PUCES

Certains chats souffrent de problèmes de peau dus à une allergie à la salive de puce. Cette allergie se traduit par des dépilations diffuses ou localisées, la présence de petites croûtes sur le dos ou le cou, des plaies de grattage ou de léchage... Dans ce cas, un simple antipuces ne suffit pas pour résoudre le problème : il doit être complété par un traitement médical prescrit par le vétérinaire.

Les autres petites tracasseries

• Les boules de poils
Les chats passent une bonne partie de leur temps à se toiletter. Ils ont tendance à ingérer des poils, qui

Le saviez-vous ?

Au poil ! La fourrure du chat est un véritable « manteau polaire », qui comprend 800 à 1 600 poils au centimètre carré, soit le double du chien ! Les poils de couverture, longs et rigides, donnent la couleur au pelage, protègent contre la pluie et peuvent se dresser en situation de danger ou de grand froid. Le sous-poil, très fin et ondulé, fait office d'isolant thermique. Il est moins fourni l'été. Comme nos cheveux, les poils poussent d'environ 2 mm par semaine et se renouvellent par cycles de quelques mois.

finissent par former des boules dans l'estomac, encore appelées trichobézoards. Généralement, ils arrivent à les régurgiter, mais une boule peut créer une obstruction intestinale, entraînant une constipation et des vomissements.

Les chats d'appartement sont particulièrement exposés aux trichobézoards pour plusieurs raisons. Ils n'ont d'abord pas la possibilité de se frotter aux buissons, aux troncs d'arbre et de se rouler sur l'herbe, ce qui permet d'ôter pas mal de touffes de poils. La chaleur constante et la lumière artificielle ont gommé tout effet de saison sur la pousse du poil : le chat d'appartement mue toute l'année ! Ensuite, la vie en milieu clos augmente les risques d'ennui et d'anxiété, les deux états pouvant entraîner un toilettage excessif et répétitif (le chat s'apaise en se léchant) et l'absorption d'une quantité élevée de poils. Enfin, la sédentarité et le

Brosser régulièrement le chat est un moyen de prévenir la formation de boule de poils dans son estomac.

manque d'exercice physique ont pour effet de ralentir le transit digestif et ainsi de favoriser la formation de boules de poils.

Différents moyens permettent de limiter ces désagréments :

– Brossez et peignez régulièrement votre chat, surtout au moment de la mue : ce sont autant de poils qu'il n'avalera pas.

– Pour l'aider à vomir les boules de poils présentes dans son estomac, donnez-lui de l'herbe à chat à mâchonner (voir p. 53).

– Pour favoriser le transit des poils dans le tube digestif, ajoutez à la ration de votre chat 1 cuillerée à café d'huile de paraffine, 3 jours de suite, ou alors une pâte laxative à base d'huile de paraffine (en vente chez le vétérinaire), à déposer sur les babines ou sur une patte.

– Votre vétérinaire peut vous prescrire un médicament en comprimés à donner 3 jours de suite tous les mois et qui permet de prévenir la formation de boules. Ce traitement préventif est surtout recommandé pour les chats à poil long.

– Enfin, l'apport de fibres dans sa ration a aussi un rôle à jouer : il existe ainsi des croquettes dont la composition est adaptée pour limiter la formation de boules de poils (croquettes « hair control »).

• La sensibilité aux allergènes de maison

Comme l'homme, un chat peut développer une allergie à un ou plusieurs allergènes présents dans son environnement ou bien dans son alimentation.

En appartement, l'allergie non alimentaire de loin la plus courante reste l'allergie aux piqûres de puces (voir pp. 40-41). Cependant, le chat peut aussi être sensible aux acariens de maison (*Dermatophagoides farinae* et *Dermatophagoides pteronyssinus*) présents dans la poussière, les tapis, les moquettes, les tissus muraux, les canapés et les fauteuils, aux spores de moisissures, voire aux débris de blattes !

La sensibilité à ces allergènes (on parle d'atopie) s'exprime parfois par des crises d'asthme chez le chat, mais ce n'est pas la manifestation la plus typique. Un chat atopique a des démangeaisons, se lèche avec insistance, se gratte sans arrêt et présente des lésions cutanées localisées à une partie du corps (tête, cou, extrémité des pattes, ventre…) ou généralisées.

• Le tabagisme passif

Parler de tabagisme passif pour un chat vivant en appartement avec un maître fumeur n'est pas excessif : il s'agit vraiment d'un problème de santé grave. Le chat est doublement exposé aux effets néfastes du tabac : d'abord en inhalant la fumée (risque d'affection pulmonaire), mais aussi en léchant au cours de sa toilette les particules toxiques déposées sur le pelage (atteinte du tube digestif).

Les études sur le sujet le prouvent : le tabagisme passif multiplie par deux le risque de développement d'un cancer chez le chat. Le risque est même triplé quand l'exposition au tabac dure depuis au moins 3 ans. Par ailleurs, un chat asthmatique ou souffrant de bronchite chronique ou de coryza voit son état se dégrader s'il vit dans une atmosphère enfumée. Encore une bonne raison pour arrêter la cigarette : pensez à votre chat !

CHAPITRE 3

L'aménagement de son espace intérieur

Le coin repas, au calme !

Grignoteur par nature, le chat est exigeant en ce qui concerne ses repas. Le lieu, l'ambiance, la vaisselle, l'aliment, tout a son importance pour ce gourmet réputé difficile !

Le coin repas idéal

Sauvage ou domestique, le chat aime manger dans le calme, sans contrainte ni compétition, et surtout sans stress. Dans la nature, le chat rapporte sa proie dans sa tanière pour la manger en toute sécurité. Il évite de la dévorer sur place, le risque de se faire repérer par un chat affamé, un charognard ou un prédateur étant bien trop grand. C'est pourquoi les chats qui sortent rapportent leurs « trophées » de chasse (souris, oiseaux…) à la maison.

En appartement, le coin repas doit donc être fixe, au calme (éviter la proximité d'un poste radio, d'une machine à laver bruyante…), toujours propre (le chat y tient !) et accessible facilement et à toute heure du jour comme de la nuit. Le plus pratique est donc un coin dans la cuisine. Même concentré sur son repas, le chat n'aime pas les va-et-vient dans son dos ; c'est pourquoi on écartera les zones de passage, ce qui évitera d'ailleurs de percuter régulièrement la gamelle et d'en renverser son contenu sur le sol !

L'écuelle peut être placée au sol ou sur un meuble en hauteur. La seconde possibilité a l'avantage d'obliger le chat à faire de l'exercice : il doit sauter pour l'atteindre. Elle est inévitable si le chat vit avec un chien, ce dernier appréciant beaucoup les aliments pour félins.

Il faut veiller à ne pas disposer la gamelle près de sa litière, ce qui a le don de le perturber. Dans la nature, la zone réservée au repas et celle d'élimination sont bien distinctes. Et qui trouverait agréable de manger près des toilettes ? De même, sa gamelle n'est pas non plus la bienvenue dans nos toilettes !

Il est toujours judicieux de matérialiser son coin repas par un set de table facilement lavable (ou tout autre tapis en plastique) sur lequel seront posées les gamelles. Ainsi, celles-ci ne glisseront plus et seront quelque peu protégées, au sol, des coups de pied maladroits.

UN OU PLUSIEURS COINS REPAS ?

Il est habituel et pratique de disposer la gamelle du chat dans la cuisine. Mais vous pouvez tout à fait créer des coins repas supplémentaires dans d'autres pièces de l'appartement et, si possible, en hauteur. Cela distrait le chat et le pousse à faire du sport.

Évitez de placer la gamelle dans un lieu de passage : le chat aime manger en paix !

Quelle écuelle choisir ?

Aussi étonnant que cela paraisse, n'importe quel récipient ne peut faire office de gamelle pour chats, et l'aspect esthétique n'est pas le seul critère de choix. L'écuelle idéale pour un chat est :

– ni trop étroite ni trop profonde : comme un chat aime surveiller ce qui se passe aux alentours quand il se restaure, une gamelle profonde comme celles pour chiens ou de fond conique comme les bols ne convient pas. Il est par ailleurs désagréable pour lui de toucher les bords de l'écuelle avec ses moustaches, ses longs poils si sensibles : le diamètre interne du récipient devrait être lar-

PLUSIEURS CHATS = PLUSIEURS GAMELLES ?

Vous devez compter une gamelle (de nourriture) par chat et éviter les grandes assiettes collectives, car les chats n'aiment pas manger moustaches contre moustaches.
Quand chaque chat a son propre régime, tout se complique, car on ne peut constamment surveiller que chacun mange dans la bonne gamelle. Il existe toutefois quelques astuces :
– cachez la gamelle du chaton sous un carton avec une ouverture suffisamment grande pour ce dernier, et trop petite pour un chat adulte ;
– pour éviter qu'un chat obèse ne mange dans la gamelle d'un autre, placez-la suffisamment en hauteur : il y a neuf chances sur dix pour qu'il ne puisse l'atteindre en raison de son surpoids.

gement supérieur à celui de sa face, moustaches comprises. Ainsi la gamelle idéale est une petite assiette (creuse ou plate) ou un récipient bas et plutôt large, au fond plat, aux bords d'environ 3 cm de hauteur ;

– faite dans un matériau adéquat, c'est-à-dire résistant au nettoyage quotidien (y compris au lave-vaisselle : bien lire les précautions d'emploi) et aux chocs. La porcelaine délicate dorée à l'or fin n'est pas indiquée ! Verre, céramique, porcelaine solide, faïence ou acier inoxydable : vous avez le choix. Et les gamelles en plastique ? Oui, vous pouvez les utiliser, mais à condition de les changer souvent, car elles ont l'inconvénient de s'imprégner d'odeurs alimentaires (cet animal au nez fin n'apprécie guère les mélanges d'odeurs) et de présenter avec le temps des aspérités où viennent se loger des graisses qui rancissent ou des résidus de savon.

La couleur de la gamelle ainsi que les motifs éventuels n'ont pas d'importance pour le chat. Du moment que le décor vous plaît !

Cependant, le chat n'aime pas les changements, surtout s'il est d'un naturel anxieux : dans ce cas, évitez d'alterner des gamelles de formes ou de couleurs différentes. L'animal a aussi ses petites manies !

Le saviez-vous ?

Varier les plaisirs Donner des croquettes en libre-service à votre chat ne vous empêche pas de lui préparer de temps à autre un petit morceau de viande ou de poisson (cuits), quelques crevettes… s'il les supporte, bien entendu. Pour son plaisir et le nôtre, car il est toujours plaisant de voir notre chat si impatient à l'idée de savourer notre cuisine !

Bien équilibrer son alimentation

Plus qu'un autre, le chat d'intérieur ne peut s'en remettre qu'à son maître pour avoir une alimentation équilibrée et adaptée à ses besoins. Une erreur alimentaire ne peut être compensée par la chasse ou la gamelle du chat de la maison voisine ! De même, l'activité moindre du chat vivant en appartement le prédispose à la prise de poids (voir pp. 26-29). C'est dire que l'alimentation est un élément important de son bien-être !

• Favorisez le grignotage

Le chat est un chasseur solitaire qui, à l'état sauvage, capture des proies plus petites que lui et facilement transportables (rongeurs, oiseaux…). Pour couvrir ses besoins quotidiens, il doit manger 10 à 20 proies par 24 heures, ce qui fait de lui un « grignoteur » par nature. Ne lui donner qu'un repas matin et soir (comme pour le chien) est donc méconnaître cet aspect de son comportement : s'il ne mange que deux fois 2 minutes par jour (durée moyenne d'un repas !), il risque de développer des troubles comportementaux dominés par l'agressivité. En effet, ne pas trouver à manger plusieurs fois dans la journée alors qu'il a faim provoque chez lui des angoisses. Comme si on vous interdisait sans raison de prendre votre déjeuner et que vous deviez attendre le soir pour manger. Un chat qui a l'habitude, depuis son plus jeune âge, d'avoir à disposition presque continue un aliment régule très bien sa prise alimentaire en 10 à 20 repas répartis dans la journée et la nuit… sans grossir pour autant !

• **Repas industriel ou fait maison ?** Le chat est un carnivore dit strict : il a vitalement besoin d'une forte proportion de protéines et de matières grasses d'origine animale. En effet, il ne peut synthétiser certains nutriments présents uniquement dans la viande ou le poisson : la vitamine A, des acides gras comme l'acide arachidonique, des acides aminés comme la taurine et l'arginine. Cependant, son alimentation ne se résume pas à un morceau de steak ou à un filet de poisson ! À ce régime, votre chat sera vite malade ! Outre ces aliments d'origine animale, sa gamelle doit donc comporter des glucides lents (céréales bien cuites), des fibres (légumes verts...), de l'huile végétale, un complément en minéraux et vitamines... Il est impossible de donner une recette type d'un repas équilibré pour chats, car la proportion de chacun des ingrédients dépend de nombreux paramètres tenant à l'animal (âge, poids,

Un chat nourri qu'une ou deux fois par jour développe un stress qui le pousse à voler !

état physiologique, activité...) et aux aliments eux-mêmes (origine, type, qualité, mode de cuisson). Et encore faut-il que le plat soit au goût du petit félin (que l'on sait difficile) et qu'il ne trie pas la nourriture ! C'est pourquoi les nutritionnistes déconseillent de nourrir exclusivement son chat avec des plats faits maison.

Les aliments préparés complets aujourd'hui sur le marché garantissent un repas équilibré avec un apport optimal de tous les nutriments dont le chat a besoin et une composition connue et constante. À la différence des repas faits maison, ils ne nécessitent aucun complément alimentaire. Croquettes, boîtes, barquettes, « sachets fraîcheur »... le choix est vaste en présentations, marques et recettes. Mais il ne doit pas être dicté par le prix, la publicité ou l'emballage, car un chat vivant en appartement a des besoins nutritionnels particuliers.

➲ Les croquettes laissées en libre-service favorisent le grignotage.

• **La croquette star**

Tous les spécialistes sont unanimes : pour favoriser le grignotage chez le chat, rien ne vaut la croquette !

Les boîtes et autres aliments « humides » ont en effet l'inconvénient d'être beaucoup plus appétissants et de conservation limitée à l'air ambiant. Par ailleurs, une fois ouverts, ils perdent plus rapidement leur bon goût et leurs bonnes odeurs : après plusieurs heures le chat n'en veut plus. Le principe est donc de laisser les croquettes en libre-service (la gamelle toujours pleine) de jour comme de nuit, à côté d'un bol d'eau ; votre chat viendra régulièrement en croquer quelques-unes.

Vous tenez à lui donner des boîtes, barquettes ou sachets dont il raffole ? Pourquoi pas, mais toujours en petite quantité et en « complément plaisir » des croquettes ! Ces extra sont à déconseiller en revanche si votre chat a pris du poids, car la variété alimentaire favorise chez lui la surconsommation.

Enfin, il est parfois impossible de donner des croquettes à un chat, soit parce qu'il refuse absolument d'en manger, soit parce qu'il est atteint d'une affection qui, selon le vétérinaire, contre-indique tout aliment « sec ». Dans ce cas, plusieurs petits repas lui seront donnés au cours de la journée dans la mesure du possible. En votre absence, la solution est d'investir dans un distributeur programmable de pâtées !

LIBRE-SERVICE : LIBRE EXCÈS ?

Ne paniquez pas à l'idée de laisser des croquettes à volonté dans la gamelle de votre chat. En effet, l'uniformité alimentaire favorise chez le chat une autorégulation qui se mettra naturellement en place après quelques jours de suralimentation : il fragmentera de lui-même sa ration quotidienne en de multiples petits repas.

Ne pas oublier la gamelle d'eau

L'abreuvement du chat est très discret comparé à celui du chien, surtout s'il est nourri avec des boîtes. Certains propriétaires affirment même n'avoir jamais vu boire leur chat ! Le chat domestique a en effet conservé de son ancêtre originaire du désert, le chat sauvage d'Afrique, la particularité d'être un piètre buveur et de pouvoir concentrer ses urines. Il « puise » l'essentiel de l'eau dont a besoin son organisme dans ses proies fraîchement tuées, mais il a quand même besoin de se désaltérer de temps à autre.

• De l'eau fraîche et propre

À la maison, il est important de laisser une gamelle d'eau fraîche en permanence : il viendra y boire brièvement (quelques lapées) 10 à 20 fois par jour s'il mange des croquettes, deux fois moins s'il est nourri avec des boîtes ou des barquettes (qui contiennent 70 à 82 % d'eau). Le bol d'eau sera bien séparé de la gamelle de nourriture, car nombreux sont les chats qui n'aiment pas sentir des odeurs alimentaires quand ils boivent.

Changez l'eau tous les jours ou plusieurs fois par jour si elle est souillée par des aliments. L'idéal est d'installer une « fontaine à eau pour chats », qui permet une filtration, une aération et un rafraîchissement en continu de l'eau.

• Eau du robinet ou eau minérale ?

L'eau du robinet convient parfaitement, sauf si elle a une odeur chimique ou une saveur (de chlorine) qui rebute le chat. Ce dernier possède en effet des fibres gustatives spécifiques pour l'eau et il sait très bien faire la différence entre deux eaux d'origine différente. Le mieux est de la filtrer ou même de lui servir de l'eau de source. Évitez cependant les eaux minérales trop chargées en sels minéraux et déconseillées si votre chat est malade ou prédisposé aux calculs urinaires.

Le saviez-vous ?

Pas de lait de vache ! Le lait de vache n'est pas recommandé chez le chat, car il digère mal le lactose : ce sucre spécifique du lait fermente dans le côlon et provoque chez lui une diarrhée, voire une allergie alimentaire. Outre ces problèmes digestifs, il apporte des calories et ne doit donc pas remplacer l'eau de boisson.

Même piètre buveur, le chat a toujours besoin d'une gamelle d'eau fraîche pour se désaltérer.

L'entretien des gamelles et la conservation des aliments

• Le nettoyage des gamelles

Les gamelles doivent être lavées quotidiennement et bien rincées, car toute odeur résiduelle de liquide vaisselle peut couper l'appétit de votre chat : la prise alimentaire est en effet déclenchée par l'olfaction. Le lave-vaisselle est pour cela d'une grande utilité. Ce nettoyage journalier concerne la gamelle d'eau et celle réservée aux croquettes : en effet, il permet d'éviter le dépôt d'une pellicule de graisse qui s'oxyde et qui est à l'origine d'une aversion pour l'aliment ou l'eau.

• Comment conserver les aliments

Bien respecter les règles de conservation des aliments est également très important. En effet, une boîte une fois ouverte se conserve au maximum 2 jours au réfrigérateur (protégée par du film alimentaire ou un couvercle) et 2 ou 3 heures à l'air ambiant ! En effet, non seulement le risque d'oxydation et de contamination est élevé dès l'ouverture, mais l'aliment perd avec le temps ses qualités nutritionnelles (vitamines...) et organoleptiques (ses bonnes odeurs et ses saveurs).
Les croquettes peuvent sans problème rester une journée à l'air ambiant. Ne resservez jamais les croquettes de la veille ! En outre, si elles ont été humidifiées accidentellement ou volontairement, elles doivent être ôtées au bout de 1 ou 2 heures. Bien refermé après usage, le sac de croquettes se conserve plusieurs semaines (mais moins d'1 mois) dans un endroit sec, à l'abri de la

Pourquoi boit-il l'eau au robinet ?

Les chats préfèrent naturellement une eau courante à une eau stagnante, car dans la nature, l'eau courante est de bien meilleure qualité (le mouvement continu assure une meilleure oxygénation). Pour les adeptes de l'eau qui coule du robinet ou du pommeau de douche, une seule solution : la fontaine à eau pour chat.

➲ Habituez votre chat dès son plus jeune âge à manger de l'herbe à chat.

lumière et de la chaleur. Le mieux est de le placer dans un récipient hermétique (en métal ou en plastique), mais pas au frais.

L'herbe à chat

À côté de ses gamelles, n'oubliez pas de disposer un petit pot d'herbe à chat, que vous trouverez chez votre fleuriste ou, prêt à germer, en grande surface ou en animalerie. Ces pousses de céréales (blé, orge, avoine ou seigle) sont appréciées des chats. Elles les aident à régurgiter les boules de poils qui se forment dans l'estomac et à lutter, par leurs fibres, contre la constipation. Elles évitent aussi que votre chat ne se rabatte sur vos plantes vertes, faute de verdure à mâchonner. Elles sont un complément alimentaire indispensable chez un chat qui n'a pas accès à un jardin.

Et les friandises ?

Les fabricants d'aliments proposent de plus en plus de friandises pour chats aux goûts divers et variés. Elles ne sont pas indispensables si votre chat reçoit une alimentation équilibrée. Comme elles sont petites et déshydratées, on a tendance à en donner en excès, or ce sont généralement des encas riches en graisses et en protéines ! Elles peuvent favoriser l'embonpoint comme les caprices alimentaires chez le chat : il ne veut plus manger que cela. À donner donc avec parcimonie et sous forme de jeu, en cachant la friandise dans une chaussette nouée ou un jouet creux.

LE GOÛT CHEZ LE CHAT

Avec ses 473 bourgeons gustatifs (9 000 chez l'homme), le chat n'a pas un sens gustatif prononcé. Son choix alimentaire est plus olfactif que gustatif. Il préfère le goût acide au goût amer, lui-même préféré au goût salé, et n'est aucunement attiré par le sucré. En fait, ces particularités sont liées à son régime alimentaire. Les carnivores sont très peu sensibles aux aliments sucrés, c'est-à-dire riches en glucides, peu présents naturellement dans leur alimentation La viande étant déjà riche en sel, le goût salé a peu d'importance chez le chat, car il n'a pas besoin de le rechercher dans sa nourriture. Saler son repas est donc une hérésie ! Une sensibilité élevée à l'amertume lui permet d'éviter des substances toxiques au goût souvent amer… et le médicament que vous avez très soigneusement caché dans sa pâtée !

Vous pouvez aussi faire plaisir à votre chat en lui donnant de temps en temps un encas « maison » dont il raffole et qui ne mettra pas en péril son équilibre alimentaire : morceau de thon, cuillerée de yaourt nature, quelques crevettes, des carrés de jambon, un peu de poulet rôti, voire du melon… Mais ne lui offrez jamais d'aliments contenant du sucre ou bien du chocolat (desserts lactés sucrés, crèmes glacées, yaourts sucrés, pâtisseries, viennoiseries…). Tenez compte de ses goûts et dites-vous que ces moments privilégiés avec votre chat font partie des rituels qui ont le don de l'apaiser.

De vous à moi

L'une des meilleures friandises pour chats est le comprimé de levure de bière, qui, outre le plaisir gustatif, procure au chat une foule de vitamines et d'oligoéléments bons pour sa peau et son poil. Et le comprimé est facile à glisser dans un jouet.

Un peu de shopping !

La gamelle à aliment

Une gamelle pour chat doit être basse, à fond large et non étroite. Les bords sont peu élevés et idéalement évasés. Le chat doit pouvoir garder un œil sur ce qui se passe aux alentours. Le diamètre de l'écuelle est supérieur à celui de la tête du chat.

Grès verni, faïence, inox... le matériau choisi doit être résistant et d'un entretien facile (passage au lave-vaisselle). Les gamelles en plastique sont envisageables si elles sont changées régulièrement, car elles présentent des risques d'aspérités et d'odeurs imprégnées dans la matière.

Un support permet de bien séparer bol d'eau et gamelle de nourriture : beaucoup de chats n'aiment pas sentir les odeurs alimentaires quand ils s'abreuvent.

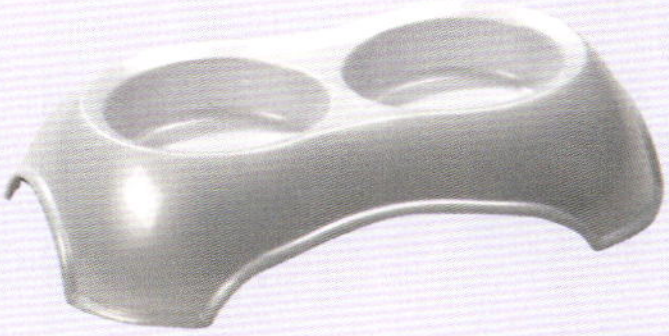

Le distributeur programmable de pâtée

Utile pour les chats nourris avec un aliment « humide », le distributeur programmable de pâtée permet de servir au chat plusieurs repas dans la journée à heure fixe tout en garantissant la bonne conservation des aliments (système réfrigérant).

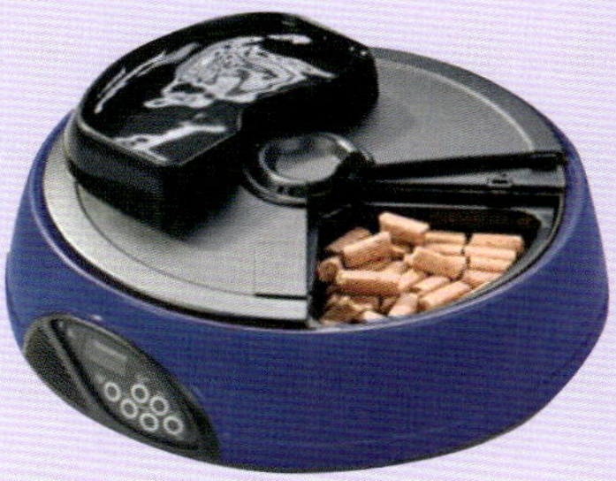

L'herbe à chat prête à germer

Ces pousses de céréales à humidifier et à disposer à côté des gamelles du chat offrent un « carré de verdure » apprécié du chat et sont indispensables s'il n'a pas accès à un jardin.

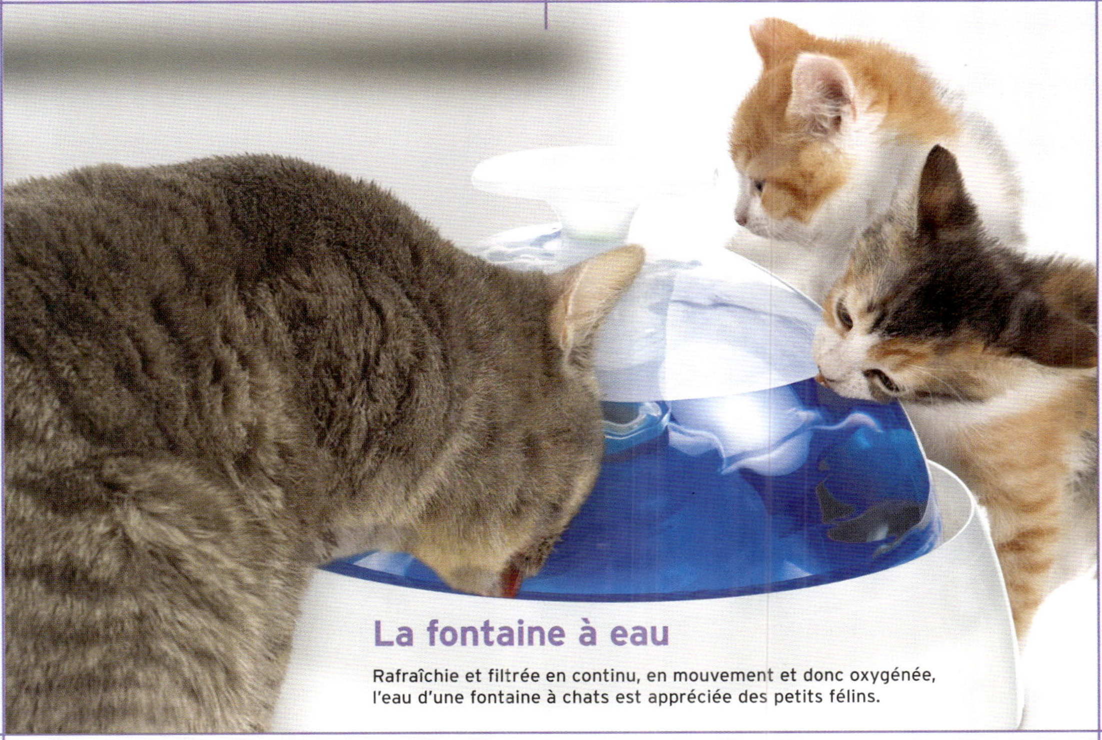

La fontaine à eau

Rafraîchie et filtrée en continu, en mouvement et donc oxygénée, l'eau d'une fontaine à chats est appréciée des petits félins.

Le coin repos ? des coins repos !

Le chat passe plus de la moitié de sa vie à… dormir ! C'est dire l'importance de cette (in)activité chez lui ! Malgré les apparences, il ne dort pas n'importe où, mais il aime quand même varier ses coins sieste. À vous de les multiplier pour son plus grand bonheur.

Le chat, champion du sommeil

Avec en moyenne 12 à 16 heures de sommeil par jour, le chat domestique est un des plus gros dormeurs du règne animal ! Pourquoi dort-il autant, jusqu'à deux fois plus que les autres mammifères ? Cela reste un mystère pour les scientifiques, qui réfutent l'idée d'une oisiveté innée : dans la nature, le chat sauvage doit se débrouiller tout seul pour survivre, c'est-à-dire pour se nourrir et éviter ses prédateurs. Ses phases d'éveil sont intenses (ne

Le chat passe les deux tiers de son temps à dormir : c'est un des plus gros dormeurs du règne animal !

doit-il pas attraper une vingtaine de petites proies quotidiennes ?), ce qui ne l'empêche pas de dormir une douzaine d'heures par jour. Au contact de l'homme, avec une nourriture plus facile et un certain confort de vie, le chat domestique a gagné des heures de sommeil.

• Un chasseur de nuit

Dormir 65 % de son temps ne veut pas dire que le chat fait le « tour de l'horloge » chaque nuit : à la différence de l'homme, il ne dort pas sur de longues durées, mais divise son temps de sommeil en de multiples petites siestes, tantôt somnolant, tantôt dormant profondément, entrecoupées de périodes d'activité. Il concentre ces phases de repos dans la journée et est beaucoup plus actif dès la nuit tombée : c'est en effet le moment idéal pour chasser les petits rongeurs. Heureusement, quand il vit en appartement, il finit par calquer ses moments d'éveil et de repos sur l'emploi du temps de ses maîtres et a une activité plutôt diurne. Cependant, laissé seul la journée entière, sans stimuli visuels (jouets...), un chat va profiter de leur absence pour se reposer et... ne les laissera pas tranquilles la nuit !

• Respectez son sommeil

L'activité onirique ne doit pas être considérée comme un simple passe-temps pour le chat : le repos lui est vital, car il permet à l'organisme de récupérer, de recharger ses batteries afin de se préparer pour une nouvelle période d'activité.

Mais le sommeil a d'autres fonctions importantes : quand un chat dort profondément, toutes les 15 à 25 minutes ont lieu des épisodes de sommeil paradoxal, celui qui abrite les rêves... Pendant 5 à 7 minutes, son activité cérébrale est intense, le chat rêve, mais pas seulement : son cerveau trie, stocke en mémoire ou élimine les différentes informations reçues lors de ses activités quotidiennes. Le sommeil a donc, comme chez l'homme, un rôle important dans la mémorisation et l'apprentissage. Ne réveillez pas un chat qui

Un coussin posé sur une chaise offre un lieu de repos idéal pour le chat.

Le saviez-vous ?

À quoi rêve-t-il ? Corps qui frémit, oreilles qui bougent, pattes qui pédalent, queue qui bat... Pas de doute, votre chat est bien en train de rêver ! D'après différentes études, notre félin rêverait tout simplement de parties de chasse, mais aussi de bagarres, de séquences de toilettage, de gamelles alléchantes... L'excitation, la colère et la peur seraient des émotions ressenties durant son sommeil, ce qui veut dire qu'il peut aussi faire des cauchemars. En revanche, toujours d'après les scientifiques, il ne connaîtrait pas de rêves érotiques !

Le chat aime beaucoup prendre de la hauteur pour dormir : il affectionne particulièrement les étagères du dressing et ses piles de pulls bien chauds !

dort profondément, et encore moins un chaton. Ce dernier dort et surtout rêve davantage. Non seulement l'activité onirique participe au développement de son cerveau et à son apprentissage, mais elle favorise également la production d'hormones nécessaires à sa croissance.

De la hauteur

Si vous restez une journée entière chez vous en compagnie de votre chat, vous serez étonné du nombre d'endroits qu'il choisit pour dormir ! Il a bien entendu ses petites préférences, mais il peut à tout moment innover… si l'environnement le permet ! Le chat n'aime pas dormir à même le sol, et encore moins sans confort (sans tapis ni moquette), sauf dans certains cas : sur du carrelage froid lors d'une canicule, sur le revêtement d'une terrasse ou d'un balcon ensoleillé. Il préfère instinctivement prendre de la hauteur, car, dans la nature, il vaut mieux voir qu'être vu ! C'est un grimpeur et un prédateur, ne l'oubliez pas. Perché, il peut surveiller les alentours et son petit monde. C'est pourquoi il dort souvent dans la pièce où vous vous trouvez : sur la chaise de la cuisine quand vous préparez le repas, sur le bureau quand vous travaillez, sur le canapé quand vous regardez la télévision… L'erreur classique est de disposer un couffin au sol dans un coin de la pièce, comme on pourrait le faire avec un chien : votre chat passera avec dédain près de l'objet sans s'y intéresser !

LE CHAT N'EST PAS UN CHIEN !

Dormir en hauteur (fauteuil, lit…) est une prérogative de dominant chez le chien. En revanche, le lieu de repos n'a aucune valeur sociale chez le chat : il ne dort pas en hauteur pour être le chef, mais pour guetter tous les faits et gestes de la maison.

De la tranquillité et du confort

Prendre de la hauteur permet également de s'isoler : le chat a, comme nous, besoin de tranquillité pour se reposer. Même s'il peut s'endormir facilement le soir sur vos genoux avec la télévision en fond sonore, il fuit les pièces trop bruyantes ou trop animées et n'hésite pas à grimper sur une armoire pour dormir, avec un furieux besoin de se couper du monde. Il affectionne également les recoins abrités, voire clos (placard, tambour de la machine à

Confort et chaleur (du radiateur et des rayons du soleil) : un cocktail recherché pour piquer un petit roupillon !

laver, panière, tiroir...), qui lui procurent à la fois la tranquillité et la sécurité d'une tanière. Enfin, et surtout, il a le sens du confort et choisit de préférence des endroits moelleux. Ce qui ne l'empêche pas de dormir parfois sur des surfaces dures et dans des positions acrobatiques que l'on juge inconfortables. Le chat est ainsi fait de paradoxes !

La chaleur, c'est le bonheur !

Été comme hiver, le chat se plaît à lézarder au soleil. En appartement il guette le moindre rayon traversant une vitre de fenêtre pour s'étendre sous le halo avec un plaisir évident. Pour lui, confort rime avec chaleur, et il sélectionne aussi ses couches en fonction de ce paramètre : près d'une source de chaleur (radiateur, chaudière, cheminée...), en hauteur (la température y est supérieure !), au soleil, sur un substrat chaud (laine, plaid, couette...). D'ailleurs, sa sensibilité à la chaleur est étonnante : alors que le contact avec un objet à 40-45 °C nous est douloureux, le chat supporte très bien une chaleur radiante de plus de 50 °C. C'est pourquoi il aime dormir sur les radiateurs ou près d'un feu.

De vous à moi

Ne changez pas la place de son couffin ou de son plaid au gré du déplacement du soleil dans l'optique de lui faire profiter au maximum de la douceur de ses rayons. Le chat n'aime pas que l'on bouleverse son petit intérieur, et les objets que l'on déplace en font partie. Laissez-le trouver seul la place idéale pour dormir.

Parmi les différentes positions que le chat adopte pour dormir, le coucher en boule est une de ses préférées... et celle qui lui procure le plus de chaleur. Cette position est un bon indicateur de la température ambiante : plus il fait frisquet, plus il est pelotonné ! Il est attiré par les couches douillettes où il ne peut dormir qu'en boule (fond d'un panier rond, couffin, boîte à chaussures...) et où il peut se cacher : il a besoin de chaleur, mais aussi de se sentir en sécurité pour dormir.

Où placer ses couffins ?

Vous venez de lui acheter un couffin, une corbeille, un plaid ou un tapis et vous ne savez pas où le (la) placer ? Voici quelques idées :

– dans le salon : sur un fauteuil, le coin ou le dossier du canapé, un rayon de bibliothèque, une étagère, la commode, le rebord (interne) d'une fenêtre, un coin de bureau ;

– dans la chambre : sur le lit, l'armoire ou l'étagère de la penderie ;

– dans la cuisine : sur une chaise ou le dessus du réfrigérateur.

Privilégiez les endroits ensoleillés ou la proximité d'un radiateur. Si, au bout d'une semaine, le couffin n'est toujours pas utilisé, cela signifie qu'il est mal placé !

Pour finir, faites confiance à votre chat pour trouver l'endroit idéal pour se reposer. Selon le feng shui, le chat a tendance à se placer dans des lieux qui nous sont défavorables en termes d'énergie : là où un chat aime s'installer, les humains ne sont pas forcément les bienvenus ! S'il a adopté votre vieux fauteuil, laissez-le lui ou changez-le de place !

Le chat trouve toujours des lieux insolites
et parfois inconfortables pour se reposer…
un évier par exemple !

Un peu de shopping !

Le couffin moelleux circulaire

Le couffin idéal est de forme circulaire ou ovale, adapté à la taille du chat et doté de rebords élevés pour qu'il soit bien calé et puisse se cacher. Le tissu de revêtement est doux (peluche, polaire…) et le rembourrage moelleux, car le chat aime « pétrir » avant de s'installer pour dormir.

Le couffin moelleux en simili peau de mouton

Le chat aime les couffins épais et moelleux. Optez pour des matières « thermoactives » (il adore !) et facilement lavables en machine.

Le couffin cubique

Très apprécié du chat qui aime se reposer dans une cachette confortable et chaude, ce couffin en forme de cube sert aussi de terrain de jeux : placez-y des friandises ou un jouet.

Le hamac pour radiateur

Cet accessoire allie confort, chaleur et hauteur. Il est constitué d'une armature en métal qui se fixe facilement au radiateur et d'une housse en tissu confortable et non rigide.

Les coussins

De forme ronde, carrée ou rectangulaire, le coussin peut être placé à différents endroits de la maison : sur une chaise, un meuble bas, une étagère, le réfrigérateur, sous un radiateur…

Le tipi ou la yourte

Facilement adoptés par le chat, les yourtes, tipis et autres niches offrent confort, chaleur, protection et intimité. Le chat apprécie de s'isoler dans cette tanière artificielle. Ces niches peuvent être posées au sol.

La corbeille en osier

La corbeille en osier est appréciée du chat, car il peut y faire ses griffes au réveil ! Disposez-y un coussin bien douillet. Veillez à ne pas la poser par terre mais en hauteur.

Le petit coin… à bien entretenir !

Les toilettes du chat ne sont pas un élément à négliger. En effet, même si la propreté est innée chez les félins, toute erreur concernant leur petit coin peut les rendre malpropres…

Le roi de la propreté !

Quel propriétaire de chat n'a pas été enthousiasmé de voir son animal utiliser spontanément et dès son arrivée à la maison le bac à litière ? La propreté est à la fois innée et acquise chez nos petits félins. Dans la nature (et donc le jardin), ces derniers ont l'instinct d'enterrer leurs déjections dans des endroits précis, situés en périphérie de territoire. L'objectif serait de ne pas être repéré par des prédateurs ou des proies. Ce comportement se met en place chez le chaton à partir de l'âge de 4 semaines, à la fois de façon réflexe (grattage et enfouissement) et, surtout, par imitation de la mère : il apprend ainsi à faire ses besoins en dehors du nid, dans une litière ou dans un coin du jardin. Arrivé dans sa nouvelle famille, le chaton utilise facilement la litière, car, outre son

À l'extérieur comme à l'intérieur, le chat est très à cheval sur la propreté : il fait ses besoins dans des endroits précis, sur un substrat meuble puis gratte le sol soigneusement pour enfouir ses déjections.

apprentissage de bébé, le substrat meuble, l'emplacement du bac dans un endroit retiré et les odeurs l'y incitent. En revanche, les chatons séparés trop tôt de leur mère ont besoin d'un certain temps d'apprentissage avant de pouvoir utiliser correctement le bac à litière.

> **De vous à moi**
> *Si vous possédez plusieurs chats, comptez un bac par chat. Les bacs peuvent être placés dans la même pièce mais à distance ou dans des pièces séparées. Il ne doit pas y avoir de compétition au petit coin.*

> **Le saviez-vous ?**
> **Les toilettes autonettoyantes** Un fabricant américain a lancé des toilettes pour chats autonettoyantes ! Le dispositif, relié à un robinet classique, est capable de nettoyer puis sécher le gravier (les selles sont retirées au préalable grâce à un râteau mécanique). Le mécanisme est déclenché automatiquement dès que le chat sort du bac !
> Site Internet : www.catgenie.com

Quel bac à litière ?

Vous trouverez aujourd'hui un large choix de bacs à litière, allant du simple bac rectangulaire en plastique au bac électronique autonettoyant en passant par la « boîte à litière en carton jetable » !

Le confort du chat est le premier critère à prendre en compte : le bac sera adapté à sa taille. Votre chat doit pouvoir se retourner facilement et faire ses besoins aux quatre coins de la caisse ! Même si un petit récipient représente un gain de place, il est souvent trop étroit pour un chat adulte et donc rapidement souillé : ce dernier a alors tendance à se soulager à côté du bac ou sur un autre substrat (baignoire...). En revanche, un chaton aura du mal à venir dans un bac immense à bords hauts : un petit bac fera l'affaire.

Le bac à couvercle permet de contenir les odeurs et d'empêcher le chat de répandre la litière dans la pièce. Il plaît aux chats qui ont besoin d'intimité ! Mais il peut ne pas convenir à d'autres, partisans du petit coin à ciel ouvert ! À vous de le tester avec votre chat en choisissant toujours une grande caisse dont le couvercle est le plus haut possible : le chat doit pouvoir lever la tête. L'inconvénient majeur du couvercle est qu'on ne peut pas facilement surveiller la litière… d'où une propension à moins la nettoyer !

L'ouverture du bac à couvercle doit être très large afin de garantir une certaine circulation d'air. Pour cette raison, la porte à battant est déconseillée : elle stresse le chat, qui se sent « enfermé » dans sa caisse, et l'absence d'aération favorise l'humidité, les fermentations et la concentration des odeurs… Le chat, très vite, rechigne à affronter ces fortes odeurs d'ammoniac !

Votre chat ne doit pas se sentir à l'étroit dans son bac à litière : celui-ci doit être adapté à sa taille.

Bien choisir la litière

La litière représente le second poste des dépenses pour votre chat après la nourriture ! Le choix n'est pas évident, car le chat est exigeant, et l'innovation ne manque pas dans ce domaine : nouveaux composites, nouvelle granulométrie, nouvelle présentation, adjonction d'un parfum… Comment s'y retrouver, d'autant que les prix sont aussi variés que les marques et les conditionnements ? En fait, il n'existe pas de litière préférée des chats, mais il existe bien une ou plusieurs litières qui convien(nen)t au vôtre.

• Les deux types de litières

On distingue deux classes de litières, les végétales et les minérales :

– **Les litières végétales** : elles sont obtenues à partir de produits de l'industrie agroalimentaire ou forestière (paille de lin, poudre de chanvre, particules de sapins et de pins, rafles de maïs…). Pénalisées par une faible distribution, comparativement aux litières minérales, elles présentent de réelles qualités écologiques : issues de recyclage, elles sont entièrement destructibles et peuvent être jetées dans les toilettes (à ne surtout jamais faire avec les litières minérales !). Elles peuvent aussi être réutilisées sous forme de compost dans le jardin. Enfin, elles sont très absorbantes et ne produisent pas de poussières.

– **Les litières minérales** : elles sont à base d'argiles naturelles (bentonite, sépiolite, silice…), de dolomite, de craie, de sable de quartz extraits de carrières. Le gravier classique est le plus vendu aujourd'hui, mais il est en perte de vitesse face aux **litières agglomérantes ou compactes**. Ces dernières, plus onéreuses, sont composées essentiellement de bentonite. Elles se caractérisent par un fort pouvoir d'absorption et de neutralisation des odeurs. En effet, les granules d'argile s'agglomèrent au contact de l'urine, formant une boule compacte facile à retirer avec les déjections, à l'aide de la pelle. Avantage de la litière agglomérante : la litière est propre et dure plus longtemps si on prend soin d'ôter les éléments souillés tous les jours.

La litière à base de cristaux de silice est la dernière-née des litières minérales. Ses granules sous forme de perles transparentes maîtrisent les odeurs, absorbent rapidement et emprisonnent l'humidité. La litière redevient sèche en quelques secondes sans que se forme une boule. L'entretien du bac se limite à retirer quotidiennement les selles présentes et à renouveler le bac entièrement lorsque les perles sont « saturées », c'est-à-dire opaques. Ces dernières peuvent être alors utilisées comme compost, car elles sont biodégradables. Non génératrice de poussières, cette litière nouvelle génération est très pratique, mais elle est encore très onéreuse par rapport aux litières compactes.

LITIÈRES PARFUMÉES : POUR OU CONTRE ?

L'odeur des litières parfumées ravit surtout les propriétaires. Certains chats acceptent l'odeur, d'autres pas et refusent d'aller dans leur bac. Les produits désodorisants à saupoudrer sous la litière ont l'inconvénient de masquer les odeurs et donc la présence de bactéries. Par ailleurs, ils peuvent irriter par contact les coussinets du chat.

• **Laquelle choisir ?**
Minérale ou végétale, agglomérante ou pas, silice ou bentonite, à vous de sélectionner la litière en fonction des préférences de votre chat (il peut détester certaines matières !) et des avantages pour vous (praticité et prix). Attention : n'alternez pas les marques de litière au gré des promotions proposées par votre magasin. Quand vous avez trouvé la litière qui présente toutes les qualités recherchées, ne la changez plus : une nouvelle litière à odeur et granulométrie différentes est source de stress et de rejet chez le chat. Plus généralement, préférez les litières bien absorbantes, qui dégagent peu de poussières – surtout si votre animal souffre de troubles respiratoires ou d'asthme –, et de granulométrie fine, plus agréable pour les pattes du chat !

Où installer le bac ?

Choisir l'emplacement des « toilettes » du chat n'est pas anodin. Son bien-être doit primer avant toute considération d'ordre pratique. De nombreux cas de malpropreté chez le chat sont dus à un emplacement inadéquat du bac.

PROPRE, PROPRE, PROPRE !

L'entretien de son petit coin est primordial : une litière souillée rebute le chat qui... se soulage à côté ! La litière sera changée et le bac nettoyé tous les 3 jours (gravier classique) ou toutes les semaines (litière agglomérante), voire une fois par mois (cristaux de silice). Les selles et les « mottes » de litière agglomérante sont ôtées à l'aide de la pelle tous les jours.

Pour éviter un rejet, il suffit de suivre quelques règles simples concernant son installation. Ainsi, le bac doit se trouver :

– dans un lieu éloigné de son coin repas (voir p. 46) ;

– dans un endroit calme et isolé : il convient d'éviter les endroits trop passants (couloir...) et la proximité d'une porte. Le chat doit pouvoir se soulager dans le calme, donc loin d'un appareil ménager bruyant (machine à laver, lave-vaisselle...) ;

– dans un lieu facile d'accès de nuit comme de jour : la pièce où se trouve le bac doit être toujours accessible. L'installation sur le balcon nécessite la pose d'une chatière ;

– en un point inaccessible aux intrus : tout doit être fait pour que le chien de la maison ne vienne pas déranger le chat dans son petit coin.

En pratique, vous pouvez installer le bac à litière dans la cuisine, la salle de bains, sous une cage d'escalier, dans une réserve... Optez aussi pour une pièce au sol facilement nettoyable (carrelage, linoléum) et... ne changez pas la caisse de place toutes les semaines !

La règle d'or est d'éviter de changer brusquement de type de litière : une litière à odeur et de granulométrie différentes peut être source de stress pour le chat.

Il fait dans la baignoire !

Un chat peut décider de prendre la baignoire, l'évier ou le bac à fleurs pour ses toilettes. Il n'est pas pour autant malpropre : il est stimulé par l'odeur javellisée qui se dégage des éléments de la salle de bains ou par la terre meuble de la jardinière. Vérifiez d'abord que son bac est propre, bien placé et non source de stress, et versez sur le gravier quelques gouttes d'eau de Javel. Nettoyez la baignoire avec de l'eau vinaigrée plutôt que des produits javellisés ou ammoniaqués qui le stimulent.

Un peu de shopping !

Les bacs simples avec rebords

Le bac en plastique doit être adapté à la taille du chat : ce dernier doit pouvoir se retourner facilement lorsqu'il se trouve dedans. Les bords évitent les projections de gravier lorsque le chat gratte la litière, mais sont déconseillés si le chat souffre de douleurs articulaires.

Si votre chat présente des douleurs articulaires, préférez ce type de bac : tout en conservant le principe des rebords, un espace a été créé pour permettre au chat d'entrer facilement dans son bac.

Il existe des bacs d'angle qui peuvent être utiles si vous avez peu d'espace.

Les tapis de bac à litière

Ce tapis posé à l'entrée du bac permet de récupérer les graviers et les poussières qui se trouvent sous les pattes du chat quand il sort de son bac.

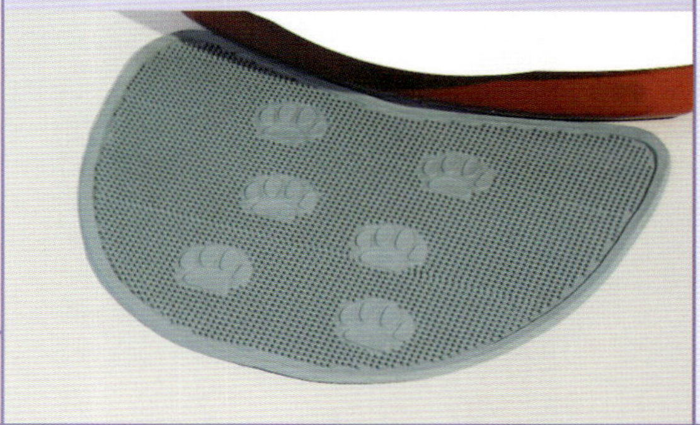

Les bacs avec couvercle

Ces bacs sont appréciés par certains chats, détestés par d'autres. Prenez un couvercle de taille élevé avec une large ouverture.

Les bacs avec porte battante

Ce type de bac (à droite) est déconseillé : la porte, l'espace confiné et les odeurs de macération rebutent le chat. Retirez la porte ou optez pour le modèle de gauche.

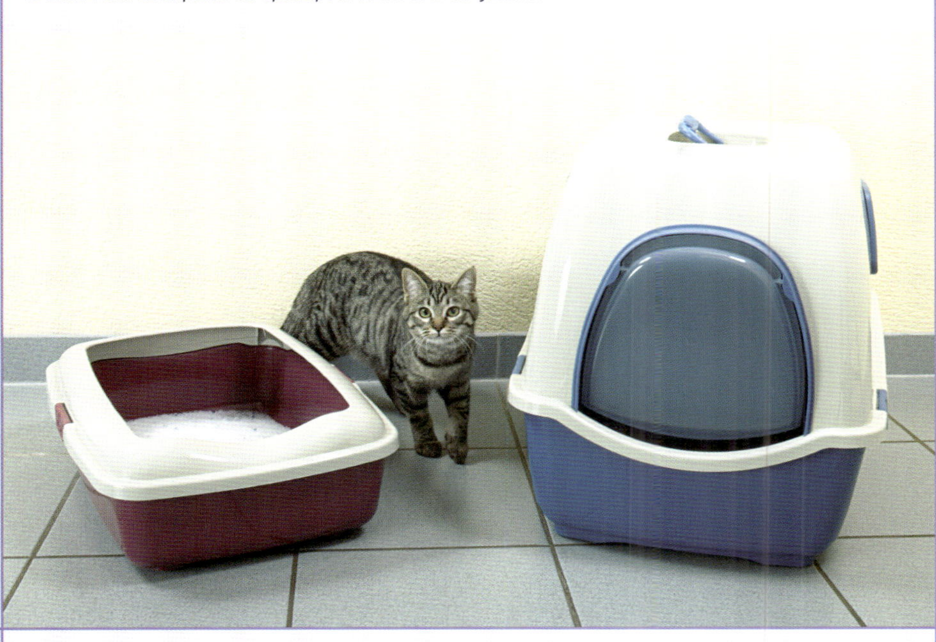

La vie en hauteur… un nouvel espace !

Avec un chat à la maison, il faut considérer son espace non plus en deux, mais en trois dimensions, car il aime par-dessus tout être perché et il aura tôt fait de monter sur les meubles les plus hauts. Pourquoi ne pas aménager votre intérieur pour lui faire prendre de la hauteur ?

Chat perché !

Comme beaucoup d'autres félins, le chat est un animal que l'on peut qualifier d'arboricole. Grimper – dans un arbre, sur une armoire ou sur vos genoux – est naturel chez lui. La hauteur permet à ce chasseur solitaire de guetter ses proies potentielles, sans être vu, tout en se protégeant des prédateurs. Sans oublier que, dans le jardin comme à la maison, se percher est aussi un bon moyen d'être tranquille et apaisé.

Le chat aime la hauteur et peut faire des sauts vertigineux avec une réception tout en souplesse. Sa queue lui sert de balancier pendant ses sauts ou bien quand il déambule sur une surface étroite.

Dans un jardin, le chat passe la majorité de son temps à observer, bien perché sur son arbre.

Quelle que soit la race du félin, la souplesse et l'agilité du chat nous surprendront toujours. Et sa puissance de saut aussi. Il les doit à une musculature développée sur un squelette particulièrement flexible composé de près de 280 os allongés minces et résistants et d'articulations d'une grande souplesse. Ses griffes rétractiles font office de crampons sur les surfaces rugueuses et verticales pour monter comme pour descendre. Sa queue – également très souple – sert de balancier et lui permet de garder l'équilibre sur un support étroit. Pour escalader un meuble, une branche ou un mur, notre athlète est capable de réaliser des sauts vertigineux : facilement 1 mètre sans élan et jusqu'à 2 mètres – voire plus – avec de l'élan. Ce qui correspond à plus de cinq fois sa taille au garrot et... à un saut en hauteur (sans élan) de près de 10 mètres pour un homme !

Quelques idées... pas bêtes !

Vous l'avez compris, l'intérêt avec un chat quand on vit dans un appartement de faible surface au sol est que l'on peut augmenter son espace de vie en aménageant la dimension verticale. Il est d'ailleurs à déplorer la tendance aux rangements intégrés dans nos habitations modernes : le chat ne peut plus trouver refuge au-dessus d'une armoire, d'une bibliothèque, voire d'un placard de cuisine !

QUELLE SOUPLESSE !

À la différence de l'homme, chez le chat la clavicule n'est pas soudée à l'articulation de l'épaule, ce qui a pour conséquence de libérer son mouvement : les pattes avant peuvent faire une rotation complète, se placer l'une derrière l'autre pour marcher le long d'une branche étroite et bénéficier d'une plus grande amplitude dans les divers déplacements.

Le saviez-vous ?

« The Cats' house » ou parc d'attractions pour chats
Bob Walker et Frances Mooney, un couple anglais féru de chats, ont choisi d'aménager leur intérieur comme un parc d'attractions félin.
À lire : *The Cats' House*, éd. Andrews and McMeel (pas de version française). Site Internet : www.catshouse.com

Il crie derrière la fenêtre

Quand un chat repère un oiseau, un papillon ou une autre proie de l'autre côté de la vitre et qu'il ne peut le pourchasser, il se met à claquer des dents en émettant de petits cris aigus. Sa queue qui bat traduit une forte excitation... mais il n'en est pas malade ni malheureux pour autant ! Des chats d'extérieur qui repèrent un oiseau hors d'atteinte ont la même réaction !

Voici quelques idées pour le faire jouer à « chat perché » :

– montez des étagères dédiées au chat (tablettes murales), sans bibelots ni livres. Si vous en installez plus d'une sur le même mur, placez-les à des hauteurs différentes pour faire un « escalier à chat » ;

– faites du vide sur vos commodes, votre réfrigérateur, vos placards... Ôtez les valises et les sacs qui encombrent le haut d'une armoire ;

– dégagez une étagère de votre bibliothèque ou un coin de bureau ;

– aménagez une pièce en mezzanine : vous serez étonné de la rapidité avec laquelle votre chat apprendra à gravir l'échelle ;

– rendez accessibles votre dressing ou la penderie avec, pourquoi pas, la mise en place d'une chatière ;

– installez un hamac à radiateur ;

– évitez si possible au maximum les meubles intégrés ;

– osez les poutres décoratives horizontales placées à 30 cm environ du plafond, accessibles au chat par différents meubles, des tablettes murales ou par une échelle ;

– et n'oubliez pas l'indispensable arbre à chat ! (voir pp. 84-87).

Un rayon dégagé sur la bibliothèque est un refuge en hauteur apprécié du chat.

Il aime observer

Dans un jardin, un chat passe la majorité de son temps à... observer. Perché sur un arbre ou un mur, ou bien caché dans l'herbe, il scrute son environnement, comme fasciné par les mouvements de la végétation, les insectes volants, des proies potentielles à poils ou à plumes, nos activités... Ces stimulations visuelles sont importantes et participent à son équilibre psychique.

Observer l'extérieur

La vie en appartement est pauvre en stimuli visuels, et le chat peut vite souffrir de frustration : imaginez-vous une journée entière dans une chambre d'hôtel avec room-service, mais sans lecture ni télé ! Pourquoi ne pas faire de vos fenêtres un endroit de détente pour votre chat ? Il suffit de placer des postes d'observation à côté de chaque fenêtre : chaise, rebord de fenêtre assez large, meuble bas, arbre à chat... L'idéal est de ne pas être à un étage élevé pour que le spectacle soit intéressant ! Ce passe-temps est bénéfique pour le chat et malgré les apparences ne le rend pas malheureux.

Le rebord d'une fenêtre représente un poste d'observation hors pair pour un chat d'intérieur.

CHAPITRE 4

Ses occupations quotidiennes

Il fait ses griffes... c'est un besoin !

Le chat a la mauvaise réputation « d'affectionner » un peu trop nos canapés en cuir, nos tapis, nos fauteuils… Pourtant, faire ses griffes est naturel chez les félins et concourt à leur bien-être physique. À vous de reporter ce comportement sur des objets appropriés.

Pourquoi griffe-t-il ?

Les griffades font partie du comportement naturel des félins domestiques ou sauvages. Dans la nature, le chat griffe l'écorce des arbres. En appartement, il s'attaque à d'autres supports, bien souvent au grand dam de son propriétaire.

Ce faisant, le chat affûte ses griffes et élimine les étuis cornés usés, mais pas seulement : il marque aussi son territoire. Les griffades représentent en effet un mode de communication entre félins qui associe un marquage visuel (les traces laissées sur l'écorce, l'accoudoir du canapé…) et un marquage olfactif. Ce dernier est dû au dépôt d'une sécrétion riche en phéromones produite au niveau des coussinets. Quand un congénère voit puis sent ces marques, il comprend qu'un chat se repose pas loin, prêt à l'agresser s'il s'obstine à rester sur cette zone protégée. Enfin, lacérer des substrats permet au chat d'étirer ses muscles, comme une séance de stretching. D'ailleurs, n'avez-vous jamais remarqué qu'il a régulièrement envie de griffer à son réveil ?

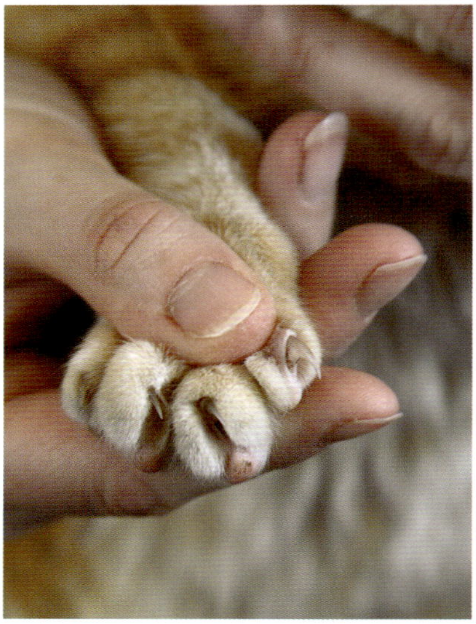

En pressant délicatement la dernière phalange de chaque doigt, on peut facilement extérioriser les griffes du chat pour les couper.

Faire ses griffes est donc un besoin inné, indispensable à l'équilibre psychique du chat. En appartement, le but sera de prévenir les

CEUX QUI « PROVOQUENT »

Certains chats ont appris à « provoquer » leur maître en faisant leurs griffes juste devant lui afin que ce dernier se mette à leur courir après et entre aussi dans une phase de jeux. Les spécialistes assimilent ce comportement à un rituel.

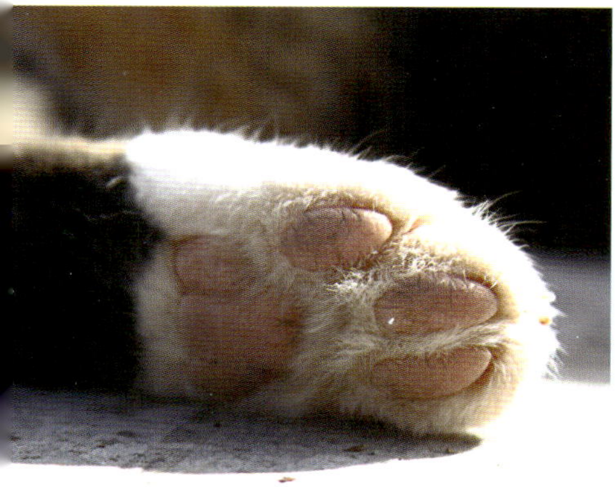

griffades indésirables, non pas en les stoppant, mais en diminuant sa fréquence et en les détournant sur des objets appropriés.

Le griffoir idéal

Il existe une multitude de griffoirs différents vendus dans le commerce, des plus sobres (planche entourée de corde…) aux plus délirants (en forme d'animaux) en passant par des dispositifs sophistiqués (voir pp. 80-83). Le seul vrai critère de choix est que… le chat s'en serve ! À la différence d'autres accessoires pour chats (bac à litière...), l'achat d'un griffoir n'est pas obligatoire puisque vous pouvez en confectionner un vous-même ou bien détourner l'usage d'un objet en griffoir.

• Les matériaux

Divers matériaux peuvent servir de lime pour ses griffes : carton, corde (ou sisal), cuir épais (à éviter si vous possédez du mobilier en cuir !), moquette, osier, coco, bois, contreplaqué, liège, rotin… Les griffoirs du commerce sont pour la plupart à base de sisal ou de carton. La surface à griffer doit être suffisamment longue pour que le félin puisse étirer ses antérieurs (plus de 30 cm) et… suffisamment large pour deux pattes ! En effet, un chat Maine Coon n'aura pas les mêmes exigences qu'un petit Européen !

• Les griffoirs maison

Voici quelques idées de « griffoirs maison » testés et approuvés par les chats :

– un morceau de moquette fixé à l'angle d'un mur, au pied d'une chaise, collé sur une planche de bois ;
– un paillasson ;
– un panneau de liège sur le pan inférieur d'une porte, sur un mur à l'entrée d'une pièce ;
– une bûche (bois d'olivier de préférence : les chats adorent !) ;
– un meuble en coco et/ou un tapis en coco ;
– un pied de poutre entouré de corde…

• Un ou plusieurs griffoirs ?

L'idéal est de mettre à la disposition du chat plusieurs griffoirs différents. La présence d'un arbre à chat (qui, par définition, comprend une partie à griffer) n'évite pas la mise

Les coussinets produisent une sécrétion riche en phéromones, molécules que le chat dépose en griffant les substrats pour marquer son territoire.

LE RETRAIT DE GRIFFES : UNE MUTILATION !

L'ablation chirurgicale des griffes des pattes antérieures (appelée onychectomie) est pratiquée couramment en Amérique du Nord pour prévenir les griffades. Or elle génère des troubles graves du comportement chez le chat.
Cette opération est heureusement interdite en France depuis 2004, car assimilée à une mutilation sur l'animal. Par ailleurs, la stérilisation n'a que très peu d'influence sur le comportement de griffade.

De vous à moi

Votre chat est un destructeur chevronné au point de saccager par ses griffades toute une pièce ? Ce comportement exacerbé est souvent le signe d'une anxiété due à des perturbations territoriales (par exemple, l'arrivée d'un autre chat). Je conseille de brancher un diffuseur de phéromones apaisantes 24 heures sur 24 (Feliway ®) et de consulter le vétérinaire si rien n'y fait.

en place d'autres griffoirs. Et, faut-il le préciser, le nombre de griffoirs augmente avec le nombre de chats vivant sous le même toit.

Où placer les griffoirs ?

Si les griffades ont pour fonction première d'être facilement repérables par des congénères, il ne sert à rien de vouloir cacher les griffoirs derrière un meuble ou une porte ! Ils sont au contraire placés verticalement ou horizontalement (tapis, paillasson...), dans des endroits bien visibles, et même stratégiques pour le chat, comme les points de passage. Ainsi ce dernier griffe plus volontiers quand il entre dans une pièce où se trouve son maître ou l'autre chat de la maison : pour éviter qu'il ne s'en prenne au papier peint encadrant la porte, placez un griffoir à l'entrée de la pièce. Par ailleurs, comme le chat aime faire ses griffes à son réveil, les griffoirs sont à disposer de préférence près de ses aires de repos (fauteuil, corbeille, canapé...).

Si, même bien placé, le nouveau griffoir n'est pas encore adopté par votre chat, imprégnez-le de substances attractives : olive (à frotter), noyau d'olive (réduit en poudre), herbe à chat séchée, extrait de valériane en spray.

Protégez votre intérieur !

Canapé en cuir ou en tissu, papier peint, tapis, pieds de meubles... les « griffoirs » sur lesquels le chat jette son dévolu ne sont pas toujours du goût de son propriétaire, qui se trouve souvent impuissant devant les dégâts causés. Si votre premier réflexe est de punir le chat, n'en faites rien ! Toute correction physique est génératrice d'anxiété chez cette espèce. Or un chat anxieux s'apaise... en griffant le plus de surfaces possible !

Pour ne pas être contraint de vivre chez votre animal en renonçant à un beau mobilier, installez plusieurs griffoirs appropriés et suivez ces quelques conseils :

– coupez de manière régulière les griffes de votre chat pour diminuer la fréquence et l'importance des griffades ;

– protégez le mobilier ou les murs griffés soit en limitant leur accès par un objet de décoration, un meuble ou une plante, soit en les recouvrant (le temps que le chat adopte une autre surface à griffer) de papier aluminium ou en plastique (papier d'emballage à bulles) ;

– vaporisez les surfaces griffées

Le saviez-vous ?

Le chat apprécie les rayures ! La présence de lignes sur la longueur du griffoir stimule le chat, car elles lui rappellent les traces qu'il laisse sur un tronc lorsqu'il se fait les griffes.

d'une substance naturellement répulsive (essence de citronnelle, d'eucalyptus) ou, mieux, de phéromones félines de synthèse en spray (Feliway ® en spray), qui sont équivalentes à celles que dépose le chat pour marquer son environnement : elles sont apaisantes et l'empêchent de griffer à condition de réimprégner le substrat tous les jours ;

– si vous décidez de changer votre papier peint, évitez les modèles présentant des lignes verticales (voir p. 78). Une fois posé, n'oubliez surtout pas de l'imprégner de Feliway ®, sinon votre chat ira vite « l'étrenner » en raison de la disparition de ses repères olfactifs familiers auparavant déposés ;

– la « punition à distance » est efficace chez certains chats et néfaste chez d'autres. Elle est donc à utiliser en dernier ressort et avec parcimonie. Elle consiste à surprendre le chat en lançant un objet près de lui (chaussettes…) ou en projetant de l'eau avec un spray à plante ou un pistolet à eau. Cette « punition » doit intervenir uniquement en tout début de séquence de comportement, c'est-à-dire quand le chat pose une patte sur le substrat !

Pour éviter que votre chat s'en prenne à votre mobilier, multipliez les griffoirs autorisés et protégez les meubles fragiles par des phéromones vaporisées dessus ou par du papier aluminium.

Un peu de shopping !

Les griffoirs simples en carton

Le carton compensé est un matériau apprécié des chats à condition de stimuler les premières griffades par de l'herbe à chat (la plupart en sont déjà imprégnés). Économiques, les bandes de carton peuvent être fixées à un mur ou posées au sol.

Les griffoirs-rouleaux

Originaux, ces griffoirs sont aussi efficaces que les griffoirs-poteaux, mais ils sont plus ludiques : le chat s'amuse à faire tourner le(s) cylindre(s).

Les griffoirs-jouets

Original, ce jouet a la même efficacité qu'un griffoir classique avec la note ludique en plus : le chat s'amuse à faire tourner le cylindre et à attraper les boules.

Les tours-griffoirs

Voici un dispositif intelligent « trois en un », à la fois cachette, aire de repos et griffoir.

Les griffoirs-planches en sisal

Le sisal est un matériau fréquemment utilisé dans la confection des griffoirs. Cette fibre naturelle attire le chat, possède les mêmes qualités de « limage » qu'une écorce d'arbre (elle emprisonne bien les étuis cornés) et dure longtemps. Elle est utilisée tissée ou en cordage sur une planche de bois.

Les tapis-griffoirs

Recouverts de sisal, ces tapis-griffoirs sont à placer au sol ou sur un mur.

Les griffoirs-poteaux

Incontournables, ces griffoirs sont recouverts de corde de sisal. C'est l'élément de base d'un arbre à chat ; pour stimuler le chat, choisissez un modèle avec un jouet ou avec un lieu de repos (le chat y fera ses griffes au réveil).

Les griffoirs d'angle

Fixé sur un angle de mur concave ou convexe, le griffoir d'angle protège le papier peint et, en étant très visible et à double surface, stimule le chat.

Les griffoirs sophistiqués

Ce griffoir se compose d'une aire de repos, d'un étage intermédiaire et d'un griffoir en sisal incliné.

Il grimpe sur l'arbre à chat !

Kitchissime à souhait, l'arbre à chat détonne peut-être avec votre mobilier, mais c'est un accessoire indispensable pour un chat d'intérieur. Faites-lui plaisir et regardez-le s'ébattre sur son nouveau terrain de jeux !

L'arbre à chat idéal

En théorie, l'arbre à chat doit remplir les fonctions d'un arbre de jardin. Si votre intérieur et votre budget le permettent, choisissez-le le plus riche en éléments et le plus haut possible (certains arbres à chat possèdent une fixation au plafond)... et le choix ne manque pas !

Voici les différents plaisirs que l'arbre devrait procurer au chat :

– **escalader** : la hauteur est l'attrait principal pour un chat. En effet, plus l'arbre est haut, plus le chat est content. Le mieux est de le prendre avec plusieurs niveaux et, pourquoi pas, avec une échelle ;

– **griffer** : tous les « troncs » des arbres à chat sont classiquement recouverts de sisal pour que le chat puisse y faire ses griffes ;

– **se cacher** : certains arbres sont composés d'une boîte recouverte de moquette ou de fausse fourrure qui sert à la fois de cachette et de couche. Les tunnels sont très aussi appréciés par le chat ;

– **se reposer** : tous les arbres à chat présentent un ou plusieurs lieux de repos douillets situés toujours en hauteur pour que le chat soit tranquille et puisse observer les alentours sans être dérangé ;

– **jouer** : des jouets en suspension ou des cordes sont parfois installés sur les arbres à chat... un détail qui fait la différence ;

– **observer** : un arbre sert aussi et surtout de poste d'observation pour le chat : ne le cachez pas derrière une porte ou une cloison ou dans une pièce non fréquentée. L'idéal est de le placer dans le salon, par exemple près d'une fenêtre pour que le chat puisse regarder ce qui se passe dehors.

L'arbre à chat fait maison

Si les modèles vendus dans le commerce ne vous attirent pas, vous pouvez, avec quelques notions de bricolage, réaliser un arbre d'intérieur personnalisé.

Si vous manquez d'expérience ou d'imagination, n'hésitez pas à aller sur Internet : il existe des sites qui proposent parfois des modèles.

Un peu de shopping !

Les petits arbres à chat

À un ou deux niveaux, ces arbres sont réservés aux petites surfaces ou comme arbre d'appoint à côté d'un autre plus grand.

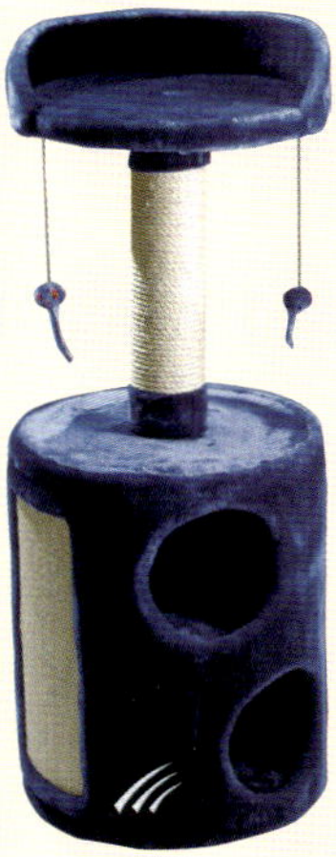

Les arbres à chat à plusieurs niveaux

Ces arbres offrent au chat une palette d'activités large : escalade, griffades, cachettes, repos, jeux, guet...

Les arbres à chat à plusieurs niveaux avec fixation au plafond

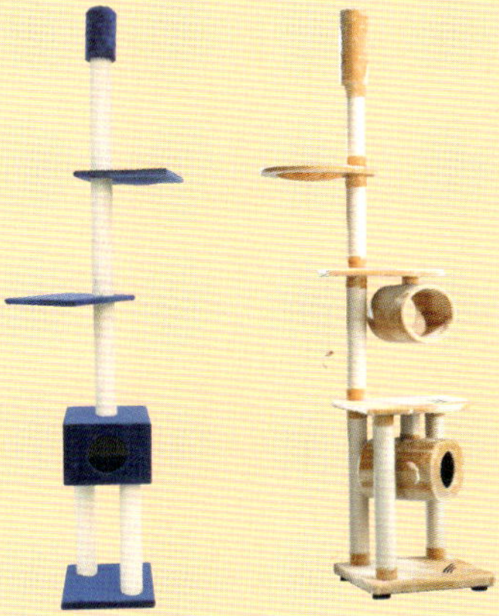

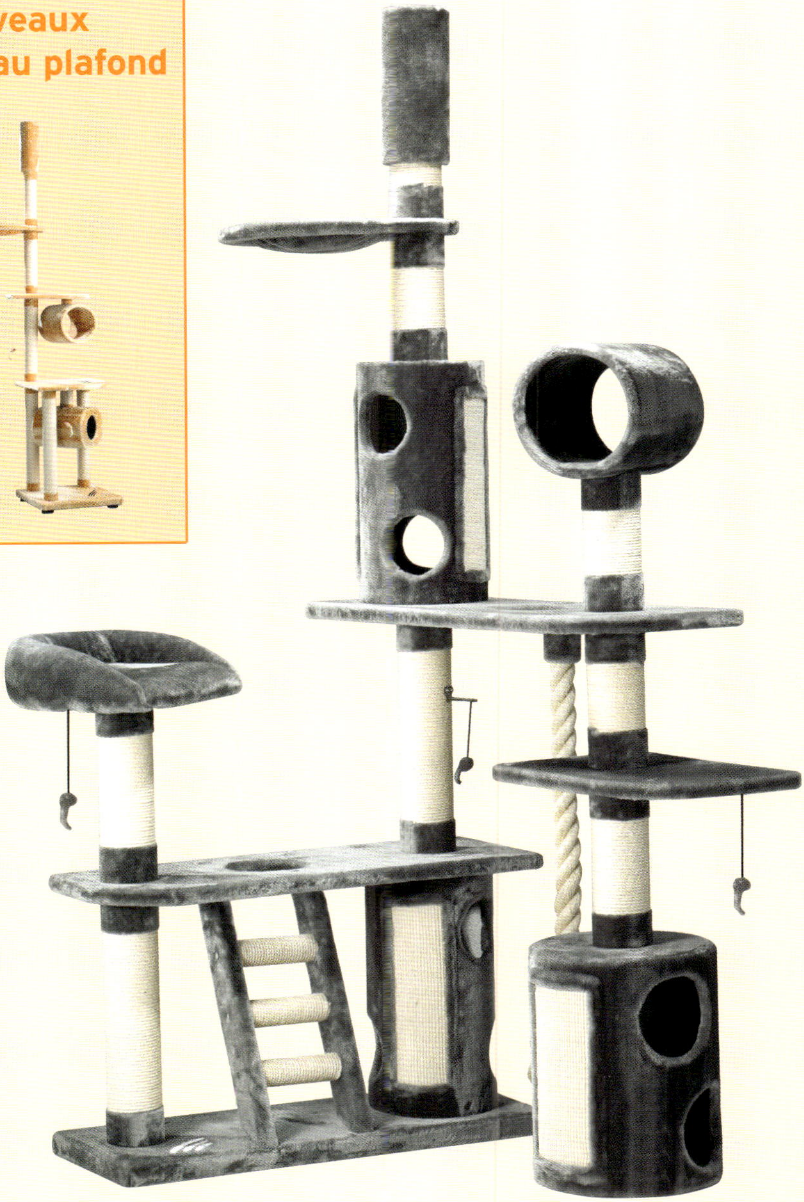

Chaton ou adulte, il joue !

Le jeu est un besoin vital, physique et psychique pour le chat qui vit en appartement, et pas seulement un passe-temps. Un chat qui ne joue plus est soit malade, soit anxieux, soit dépressif… Toute sa vie, vous devrez stimuler son envie de jouer tout en variant ses plaisirs pour qu'il ne se lasse pas. Un chat heureux est un chat qui joue !

Dès l'âge de 3 semaines, le chaton aime jouer avec sa mère, ses frères et ses sœurs. Ces jeux sociaux participent à son éducation.

Jouer, c'est pour la vie !

• Les jeux de chatons

On distingue deux sortes de jeux : les jeux sociaux et les jeux individuels (jeux avec des objets).

Les jeux sociaux – c'est-à-dire entre chats – apparaissent très tôt chez le jeune, dès l'âge de 3 semaines, augmentent en fréquence jusqu'à 4 mois pour ensuite décroître au profit des contacts sociaux. Les jeux entre chatons sont des simulacres de bagarres et les préparent aux comportements d'agression et même aux comportements sexuels de l'adulte. Ils participent aussi à l'apprentissage des règles sociales communes (signaux de communication, rituels...) : le jeune intègre les mimiques d'intimidation, de menace, de soumission, apprend la fuite, l'esquive, l'attaque, et ce dans le plaisir, sans douleur ni blessure. Il prend conscience de sa force et commence à la maîtriser. Ces batailles ludiques lui enseignent en particulier à contrôler ses griffes (rétractiles) et sa morsure : quand il va trop loin et qu'il fait mal à son compagnon de lutte, ce dernier crie, se débat, le mord et... la mère intervient pour les séparer ! On parle d'acquisition des autocontrôles pendant le développement du chaton. Non régulé, car privé trop tôt d'interactions avec sa fratrie et sa mère, un chaton risque de devenir un animal agité et agressif, difficile à vivre.

Le chaton commence à jouer avec des objets à partir de l'âge de 5 semaines : la queue de sa mère est son premier terrain de jeux, puis il se rabat sur de petits objets de son environnement qui bougent facilement. Le but est l'apprentissage de la chasse. Le chaton développe ses réflexes, sa dextérité, son sens stratégique, mais aussi ses aptitudes physiques à travers la course et le saut. Ce « sport » est essentiel pour assurer une croissance harmonieuse. Le chaton joue intensément, mais peu longtemps, car l'activité ludique demande beaucoup d'énergie et de concentration. Un repos suit toujours une partie de jeux.

« De vous à moi

Mon chat se désintéresse très vite d'un jouet présent constamment dans son environnement, d'où l'intérêt d'avoir un coffre à jouets : tous les 2-3 jours, j'y pioche un nouveau jouet qui stimule sa curiosité (comme une nouvelle proie à chasser) et y enferme ceux qu'il ne touche plus. Résultat : plus de jouets qui traînent aux quatre coins de l'appartement, et mon chat est toujours excité quand il me voit ouvrir la boîte magique !

HERBE À CHAT : RENDEZ-LE FOU !

La cataire (*Nepeta cataria*), encore appelée « herbe à chat » ou « menthe pour chat », est une petite plante des rocailles qui dégage un parfum enivrant pour les chats, qui, véritablement excités, la sentent, se frottent et se roulent sur elle. On a comparé cet effet à celui de la drogue LSD chez l'homme ! Les effets de la cataire sont absolument inoffensifs (pas de dépendance...) chez le chat, qui, par ailleurs, n'y est sensible qu'à l'âge adulte.

Faites plaisir à votre félin en mettant de l'herbe à chat desséchée (en vente en animalerie) dans des jouets, une chaussette nouée, sur un griffoir... Il devient fou ! Et n'oubliez pas de renouveler l'opération, les feuilles desséchées perdant avec le temps leur odeur envoûtante.

Si vous ne trouvez pas d'herbe à chat (attention, rien à voir avec les « herbes à chat » du fleuriste, ces pousses de céréales prisées par nos félins comme complément alimentaire), d'autres végétaux « excitants » peuvent être utilisés, comme la valériane, l'olive (bois, fruit) ou le papyrus.

Le chat aime jouer avec des petites balles très mobiles au sol qui stimulent son comportement de prédateur.

Faites vivre le chasseur qui est en lui !

Pour développer son instinct de prédateur, disposez quelques croquettes ou des friandises dans des objets (jouet creux, boule pour lessive en plastique...) disposés dans différents endroits de la maison : votre petit protégé comprendra vite qu'il faut faire rouler ce « distributeur » improvisé pour gagner la récompense.

• **Les jeux d'adultes**

Dans la nature, le chat sauvage adulte joue rarement : c'est une question de survie, son énergie devant être consacrée à la chasse, à sa défense et à la reproduction. En revanche, pour le chat domestique qui bénéficie d'un environnement protégé, l'activité ludique est aussi importante que manger, dormir, se toiletter ou chasser. Et elle l'est d'autant plus que le chat ne peut sortir (voir p. 12). Le jeu permet au chat vivant en appartement de canaliser l'énergie qu'il ne peut consacrer à la chasse et participe à son équilibre mental. Comme un chaton, il peut jouer avec des objets, avec son maître, mais aussi avec d'autres chats ou même avec le chien de la maison : il enrichit ainsi ses relations sociales. En jouant avec lui, vous ne l'infantilisez pas : vous resserrez vos liens affectifs… et vous lui faites dépenser des calories !

Il joue avec des jouets

Le jouet doit stimuler le comportement de prédateur du chat. Il doit donc être de petite taille (la taille d'un rongeur, d'un petit oiseau ou… d'une mouche !) et facilement mobile sur terre ou dans les airs.

Des objets légers qui glissent ou volent facilement offrent de belles séances de jeu en solo : le chat les propulse avec ses pattes avant et court ou saute pour les attraper, puis il les intercepte et les prend

NON À LA FOURRURE !

Certaines enseignes vendent des jouets pour chats en vraie fourrure. Bien souvent l'origine de la peau n'est pas précisée, et le vendeur vous parle alors de « peau de lapin ». Attention : la grande majorité de ces jouets est fabriquée en Chine, pays qui exploite les fourrures de chien et de chat ! Pour ne pas encourager ce commerce honteux, n'achetez pas de « souris » en fourrure : les matières synthétiques seront tout autant appréciées par votre chat.

dans sa gueule pour aller jouer plus loin... ou les déposer à vos pieds en signe de trophée ! Petites balles, boules de papier aluminium, souris en peluche, flocon de polystyrène, bouchon en liège ou plume en suspension, tenus par un élastique ou une ficelle... Pour qu'il ne se lasse pas, changez ses jouets deux fois par semaine.

Comme au cours d'un combat avec un congénère, le chat aime également prendre le jouet à bras-le-corps en roulant par terre, en le grattant avec ses pattes arrière tout en le mordant, les oreilles en arrière. Des objets doux et moelleux d'une longueur supérieure à 10 cm deviendront très vite ses « doudous » préférés : jouets pour chats en peluche ou en tissu, chaussette rembourrée ou... paquet de disques en coton à démaquiller. N'hésitez pas à mettre de l'herbe à chat desséchée dans ces jouets (voir encadré p. 89) : l'effet est garanti !

De vous à moi

Voici une idée : un mini-terrain de chasse ! Remplissez un grand carton avec des coupures de polystyrène et cachez des croquettes au fond : votre ami adorera y « plonger » pour satisfaire sa gourmandise. Sortez le Caméscope !

Il joue à cache-cache...

Se cacher et s'immiscer dans les endroits les plus inaccessibles sont des comportements ancrés dans la nature du chat. Prédateur solitaire, il aime voir sans être vu et débusquer ses proies dans les coins très à l'étroit : il peut rester des heures à guetter une souris avant de surgir de sa cache pour se jeter sur elle.

Pour son plaisir, laissez-le entrer régulièrement dans les placards, les armoires, la penderie et amusez-vous à aller le surprendre dans sa cachette ! Cela deviendra vite un jeu entre lui et vous.

Un simple sac en papier posé à terre suffit pour divertir votre chat. Par précaution, coupez ses anses.

Lorsque vous récupérez un grand sac en papier, coupez ses anses et laissez-le dans une pièce : votre chat s'en servira comme cachette et jeu ! Un sac en plastique, un carton ouvert et renversé font aussi bien l'affaire. Vous pouvez également construire une « maison à chat » en empilant des cartons et en y aménageant des ouvertures. En animalerie, vous trouverez des « chaussettes » en peluche ou des « tunnels à chat » qui ne manqueront pas de l'amuser, surtout si vous lancez dedans une balle ou quelques croquettes pour le stimuler.

Faites-lui faire du sport !

Les jeux individuels ne suffisent pas au bien-être du chat. Il a besoin d'interactions ludiques quotidiennes avec son maître. Le bénéfice est réciproque : les deux joueurs se détendent ensemble, et leur complicité ne fait que grandir. Et le chat se dépense davantage ! Car, à défaut d'oiseaux ou de souris à pourchasser, le meilleur coach sportif d'un chat d'appartement reste son maître. Dix minutes d'entraînement journalier sont un minimum. À vous de vous y astreindre !

Le saviez-vous ?

L'agility, aussi pour les chats L'agility est un sport canin bien connu : sur le principe du jumping équestre, le chien doit enchaîner des franchissements d'obstacles dans un ordre bien précis. Des éleveurs ont eu l'idée d'adapter ce sport au chat avec un parcours d'obstacles miniatures que le félin franchit, stimulé par un faisceau lumineux. Vous pouvez très bien aménager chez vous un parcours d'agility pour chats. N'oubliez pas de vous munir d'un stylo laser !

Voici quelques idées pour plus de plaisir et moins de kilos :

– Le « lancer de balle » est un sport très prisé par les chats : ils partent en flèche pour la rattraper et beaucoup apprennent naturellement à la rapporter à leur maître ! Si vous n'avez pas de balle, tout petit objet léger et facile à prendre en gueule convient.

– La « canne à pêche » est un accessoire indispensable : faite maison ou achetée dans le commerce, elle est composée d'une baguette rigide prolongée par un fil au bout duquel est accroché un jouet que l'on agite au-dessus du chat. Sauts vertigineux en perspective ! Avec la même efficacité, vous pouvez aussi utiliser un « plumeau à chat ».

– Le stylo laser ou pointeur lumineux réveille les chats les plus débonnaires. Une course-poursuite s'engage dès que le chat aperçoit le faisceau lumineux au sol. En restant à la même place et sans effort, vous pouvez faire courir et sauter le chat pendant plusieurs minutes dans la même pièce. Attention à ne pas pointer le faisceau dans les yeux de votre animal ou d'une personne au risque d'endommager irréversiblement leur rétine.

– La voiture télécommandée peut effrayer le chat dans un premier temps, mais elle devient vite par la suite un jouet animé à poursuivre. Accrochez-y une ficelle terminée par des plumes pour déclencher son instinct de chasseur.

– Faire des bulles amuse votre enfant… mais aussi votre chat ! Sa réaction peut d'ailleurs être surprenante : ne soyez pas étonné s'il se met à bondir, les pattes en l'air, pour tenter d'attraper les bulles !

Un peu de shopping !

Les balles de jeu

Indispensables à l'activité ludique du chat en solo ou avec son maître, les balles se présentent sous de multiples couleurs et matières : papier, plastique, peluche, tissus...

Certaines peuvent être prises en gueule et rapportées aux pieds de son propriétaire.

En revanche, les surfaces lisses (type balle de ping-pong) ne peuvent être prises en gueule, mais glissent bien au sol.

Certaines renferment de l'herbe à chat, d'autres un grelot.

Les manèges à jeux multiples

Une légère poussée fait tourner la balle sur son socle dans un mouvement incessant. Le chat s'amuse à la lancer et à vouloir la rattraper. La partie centrale en carton lui permet de faire ses griffes. Une peluche en ressort fixé au socle lui offre un autre type de jeu.

Les cannes à pêche

Idéal pour des jeux à deux : le chat saute inlassablement pour attraper la plume, la souris, l'araignée, le ruban ou la peluche que vous lui agitez sous le nez. Voici une très bonne manière de lui faire décharger son trop-plein d'énergie ! Certaines possèdent même des objets qui couinent quand vous les faites bouger.

Les souris

Très appréciée des chats, la souris est leur jouet de base. Les souris sont classiquement en tissu ou en fausse fourrure (évitez la vraie !), ressemblent au petit rongeur, peuvent parfois porter des plumes ou renfermer de l'herbe à chat. On trouve également des souris en plastique avec un grelot, des souris sur ressort, d'autres qui tournent sur un plateau et même des souris mécaniques !

Les jouets à suspension

Sur le principe de la canne à pêche, le chat tente inlassablement d'attraper et de prendre en gueule le jouet suspendu à la porte par un fil élastique ou agité sous son nez. Effet garanti !

Les plumeaux

Le jeu avec le plumeau fonctionne sur le même principe que celui de la canne à pêche.

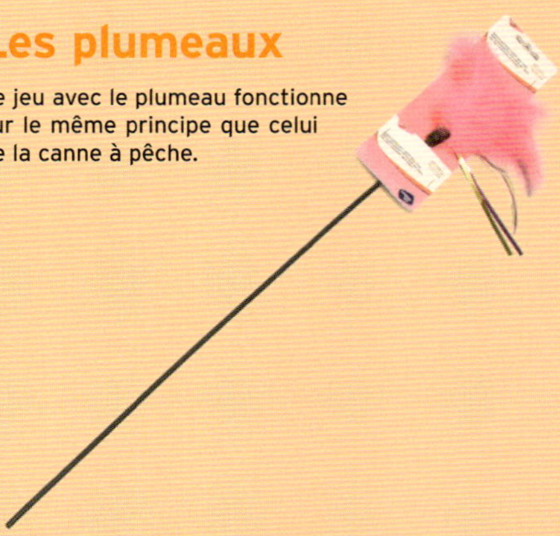

L'herbe à chat

Cette plante « excitante » est commercialisée sous forme desséchée en vrac ou en petits sachets. Placez quelques feuilles ou un sachet dans un jouet et observez la réaction de votre chat ! L'herbe peut être placée sous des « supports-brosses » pour que le chat vienne s'y frotter.

Les tunnels et les chaussettes

Le chat aime s'y faufiler et s'y cacher. Certains tunnels ont une matière dans la doublure interne qui bruisse lorsque le chat passe.

La maison en carton pour chat

Réalisée dans un carton très résistant, la Cat's Home ® est facile à monter et esthétique. C'est à la fois un terrain de jeu et une cachette pour le ou les chat(s) !

Il peut apprendre des tours !

Le chat n'est certes pas un chien, mais il peut également être éduqué et apprendre beaucoup de choses. Tout est question de temps et de patience. Et vous serez étonné des prouesses de votre petit félin !

La récompense : indispensable !

Apprendre des choses à son chat est affaire d'éducation et non de domptage. Votre félin ne va pas devenir un animal de cirque, ne vous inquiétez pas !

En matière d'éducation, il a déjà intégré les bases : l'apprentissage de la propreté, l'inhibition de la morsure et des griffures, la tolérance aux caresses et aux manipulations, la socialisation, répondre à son nom… Lui apprendre des tours est un jeu éducatif, rien de plus, qui viendra enrichir votre relation. Le « tour » ainsi appris peut même devenir un rituel, c'est-à-dire une petite habitude, rassurante pour votre chat et qui l'aidera à se sentir bien en votre compagnie. Toutefois, n'oubliez pas que le chat n'obéit jamais sous la contrainte, l'intimation ou la force : tout repose sur la récompense.

D'ailleurs en matière d'obéissance chat et chien n'ont pas la même motivation : le chien veut avant tout faire plaisir à son maître, qui est le leader du groupe, alors que le chat, lui, veut *se* faire plaisir ! Un comportement est encouragé chez lui s'il est récompensé par une friandise, un câlin ou une partie de jeu. La récompense alimentaire est néanmoins la plus efficace !

De vous à moi

Les résultats sont plus rapides avec une récompense alimentaire, mais vous pouvez aussi lui faire convoiter une partie de jeu. Par exemple, j'ai appris à mon chat à faire le beau quand il veut que j'allume le stylo laser que j'ai dans la main !

Un don d'imitateur

Le chat peut tout à fait apprendre par imitation. Par exemple, c'est en reproduisant le comportement de sa mère que le chaton apprend à utiliser le bac à litière, à manger dans une gamelle, à tuer une proie, et peut-être à griffer un substrat approprié. Le chat peut copier des comportements du chien de la maison s'il a grandi avec lui, et réciproquement. Ainsi on a vu des chats suivre le chien pendant ses promenades et même lever la patte ! Le chien qui vit avec un chat a tendance à davantage se toiletter.

Mais le chat peut-il apprendre en nous imitant ? Oui, à condition qu'il soit motivé et qu'il nous soit très attaché. En effet, pour imiter, il faut d'abord bien observer, et les chats qui ne quittent pas des yeux leur maître sont légion ! Ensuite, il faut qu'il obtienne un bénéfice en reproduisant le comportement. C'est probablement en observant leur maître que les chats arrivent à ouvrir les portes en sautant sur les loquets, à allumer ou éteindre la lumière en appuyant sur l'interrupteur, à ouvrir les placards... Pour lui apprendre à ouvrir une porte, appelez-le, appuyez doucement sur la poignée devant lui et laissez-le passer la porte entrouverte pour aller manger la friandise que vous aurez pris soin de placer derrière. Recommencez plusieurs jours de suite, et, avec un peu de patience, il comprendra à un moment qu'il peut lui-même l'ouvrir en sautant.

Le saviez-vous ?

Lui apprendre la cuvette des toilettes ! En matière d'éducation, on peut obtenir du chat des choses incroyables, comme utiliser nos propres toilettes ! L'apprentissage est assez aisé et se fait par étapes : d'abord un bac à litière en forme de siège de toilettes (sans couvercle), disposé près de la cuvette, puis sur la cuvette. Ensuite le socle du bac est percé puis retiré. Il existe même des kits d'apprentissage aux États-Unis (www.citikitty.com) et au Canada.
Un site Internet très instructif : www.lechatsurlatoilette.com

« Assis ! », « Fais le beau ! »...

- **« Assis ! »**

Pour lui apprendre le mot « Assis ! », coincez une friandise (morceau de viande, surimi, jambon) entre l'index et le pouce et présentez-la-lui au-dessus de sa tête en la dirigeant vers l'arrière afin qu'il reporte le poids de son corps sur son arrière-train et s'assoie. Répétez « Assis ! » pendant l'opération et récompensez votre ami dès qu'il s'assoit, par la friandise et une caresse. Refaites la même séquence plusieurs fois, puis sans friandise ; celle-ci sera cachée dans l'autre main maintenue dans le dos. Le chat doit mémoriser le geste de la main et le mot. Passez ensuite à la dernière étape, plus difficile : l'ordre « Assis ! » sans le geste de la main avec la friandise cachée et donnée dès que le chat s'assoit.

- **« Fais le beau ! »**

Pour lui apprendre à « faire le beau », coincez la friandise au bout d'une baguette, dites « Fais le beau ! » ou « Beau ! » et maintenez la baguette au-dessus de sa tête. Récompensez-le dès qu'il se dresse.

- **D'autres tours...**

Sur le même principe – un stimulus déclenche une séquence comportementale puis une récompense –, vous pouvez lui apprendre d'autres tours que vous associerez à un mot ou à un geste : le « Couchez ! », sauter sur les épaules ou d'une chaise à l'autre... Quand il a bien compris, ne donnez plus systématiquement la friandise, mais récompensez-le par une caresse : la récompense alimentaire doit être aléatoire pour encore plus motiver le chat.
Ne surestimez pas les capacités de concentration de votre chat : les séances d'apprentissage ne doivent durer que quelques minutes par jour. Si elles sont trop longues, votre chat se lassera vite !

Il fait des câlins... et cherche les caresses !

Il n'y a pas que le jeu dans la vie du chat ! Tout comme vous, il aime ces moments d'intimité privilégiés faits de câlins et de caresses qui sont bénéfiques aussi bien pour vous que pour votre chat.

Un attachement bienfaisant

Ceux qui ne connaissent pas les chats prétendent qu'ils sont territoriaux et indépendants et qu'ils ne peuvent donc s'attacher à leur maître comme le ferait un chien. Des animaux opportunistes en quelque sorte. C'est évidemment faux, un chat est tout à fait capable d'entretenir des relations affectives avec des personnes ou d'autres animaux. Si les marques d'affection semblent plus discrètes que celles du chien, c'est parce qu'elles sont différentes et bien spécifiques, mais elles n'en sont pas moins fortes. En se rapprochant de l'homme il y a déjà quelques milliers d'années, le chat ne cherchait pas que le gîte et le couvert, mais aussi la sécurité, l'attachement et l'affection.

DES MARQUES D'AFFECTION

Pour montrer son affection, le chat ne va pas vous faire la fête ni vous débarbouiller le visage. Ce n'est pas un chien ! Ses gestes d'amour envers vous sont moins démonstratifs, mais plus spécifiques :
– il se frotte contre vos jambes pour y déposer des phéromones de familiarisation signifiant que vous appartenez à son groupe social ;
– il recherche votre contact, vient dormir à vos côtés ou bien sur vos genoux et réclame des caresses, des câlins et des grattouilles ;
– il ronronne dès qu'il entre en contact avec vous.

• L'attachement à la mère

Le premier être d'attachement pour le chat est sa mère : on parle d'attachement primaire. La mère chatte s'attache à ses petits dès leur naissance, mais ce n'est pas réciproque : ces derniers – aveugles et sourds – recherchent simplement un coin chaud, moelleux, et du lait : elle est leur source de chaleur et de nourriture. Le chaton commence réellement à s'attacher à sa mère lorsqu'il peut la reconnaître, c'est-à-dire la voir et l'entendre, à partir de l'âge de 2 semaines. Cet attachement est favorisé par l'émission de phéromones apaisantes (apaisines) sécrétées entre les mamelles de la chatte : le petit suit sa mère partout et recherche son contact.

• L'attachement au territoire

Au moment du sevrage, la mère chatte commence à se détacher progressivement de ses petits. Ces derniers, plus sûrs d'eux, explorent de

Le premier être d'attachement du chat est sa mère : il recherche son contact, la lèche et ronronne en sa présence.

plus en plus leur environnement. Le détachement est généralement effectif dès l'âge de 2-3 mois, après le sevrage (c'est le moment où le chaton est adopté) : à la différence du chien, il ne conduit pas chez le chat à l'attachement à un groupe, mais d'abord à son territoire.

Dès l'âge de 4 mois, il se frotte la face et le corps aux meubles et aux angles saillants de son environnement pour y déposer des marques, des phéromones de familiarisation. Ce sont des repères olfactifs qui matérialisent son attachement aux objets qui l'entourent, qui l'apaisent et sont indispensables à sa stabilité psychique. Le chat a besoin d'une odeur de « chez-soi ». Ce qui ne l'empêche pas de s'attacher également à des personnes.

• L'attachement à son maître

Les liens affectifs que le chat peut nouer avec une personne dépendent grandement de sa socialisation à l'homme (voir p. 16), c'est-à-dire de sa faculté à considérer l'espèce humaine comme une espèce amie. Si le chaton a eu des contacts réguliers et bienveillants avec des personnes avant l'âge de 2 mois, s'il a été manipulé et câliné pendant sa petite enfance, alors il s'attachera naturellement à la personne qui l'adoptera et deviendra un compagnon câlin et caressant. Un chaton qui a grandi dans la rue, une ferme ou un cimetière peut arriver à s'attacher à son maître, mais se laissera plus difficilement manipuler et caresser.

Quand un chat vit dans une famille, ses liens affectifs sont plus ou moins marqués selon les personnes. Pourquoi ? Question de « feeling » sans doute. Ainsi, il sera plus proche d'une personne calme dans sa voix et ses gestes que d'une personne stressée et imposante. Par ailleurs, ses relations seront différentes avec l'enfant de la maison avec lequel il joue et la personne qui lui prépare sa gamelle. Avec chaque membre de la famille, il développe des rituels

« personnalisés » qui l'apaisent : par exemple en rituel d'accueil, il saute sur les épaules d'une personne, se roule par terre devant une autre et vient seulement sentir les chaussures de la troisième !

Des caresses bénéfiques

Les chats socialisés à l'homme apprécient les caresses, car elles leur rappellent le léchage agréable de leur mère après la tétée et leur procurent du bien-être et un sentiment de sécurité. Elles renforcent le lien d'affection et de confiance entre le chat et son maître. Si votre chat les aime, pourquoi l'en priver ? D'ailleurs vous n'avez pas à vous forcer (et surtout pas à le forcer) : c'est lui qui vient la plupart du temps les réclamer ! Et, quand il a eu sa dose, il s'en va ! En fait, la tolérance aux caresses varie d'un chat à l'autre : tout est affaire d'expérience, de vécu et de sensibilité individuelle.

• Les zones sensibles

La tolérance au contact physique et donc aux caresses est la plus grande en région faciale et sur les flancs, quel que soit le chat. Ce sont d'ailleurs ces zones que le chat frotte spontanément sur les meubles ou les mollets des personnes et qui présentent une grande concentration de glandes sébacées qui sécrètent des phéromones apaisantes. Il aime particulièrement être caressé ou « grattouillé » au niveau des joues, mais aussi sous le menton, sous le cou et entre les deux oreilles (sans doute parce que cet endroit est peu accessible pour lui !).
Si le chat se laisse toucher la tête, vous pouvez poursuivre la caresse sur la ligne du dos jusqu'aux flancs. Tous les chats ne supportent pas d'être touchés en région dorsolombaire : si votre chat a tendance à lever l'arrière-train quand vous en approchez la main, vous pouvez lui faire plaisir en lui grattant la base de la queue. Sinon, abstenez-vous !

Je le caresse et il me mord...

Alors que votre chat avait accepté de venir sur vos genoux pour se faire caresser, il vous mord soudainement et se sauve : au-delà d'un certain niveau de caresses (variable selon le chat), il ne supporte plus le contact physique et, comme il se sent comme « pris au piège », il se défend et se sauve. Sachez repérer les signes qui indiquent qu'il en a assez (queue battante, oreilles pliées, frémissement, pupilles dilatées) et laissez-le s'en aller !

Le chat aime les caresses et les gratouilles dans le cou, entre les oreilles et sur les joues. Il y répond en ronronnant, en sortant ses griffes et en les rentrant.

• **Les caresses à éviter**

Le chat supporte peu les caresses à rebrousse-poil et il n'apprécie pas qu'on lui touche les pattes, la queue ou le ventre. Caresser son ventre représente une agression : le chat réagit en mordant la main et en la labourant de ses pattes arrière ! Source de plaisir, les caresses prolongées deviennent pourtant désagréables pour lui au bout d'un temps plus ou moins long. Certains spécialistes parlent d'électricité statique gênante générée par le passage des mains sur le poil. Le mieux est de stopper les câlins dès que le chat commence à s'endormir ou, au contraire, montre des signes d'impatience : queue qui bat, frissonnements, oreilles en arrière ou chat qui essaie de changer de place.

Un massage zen !

Savez-vous que lorsque vous caressez votre chat vous lui offrez une séance de massage ? Les effets relaxants sur le chat sont en effet les mêmes. Plus ou moins appuyées, les caresses sont des massages qui libèrent en lui les tensions et stimulent les échanges au niveau de la peau. Pour plus d'efficacité, massez doucement votre chat à deux mains en le grattant des joues jusqu'aux cuisses en longeant la colonne vertébrale, dans un mouvement de « palper-rouler ». Recommencez une ou deux fois et observez le résultat : votre chat a envie de dormir ! S'il se retourne et vous agresse, soit votre massage est trop appuyé donc désagréable, soit vous avez touché une zone douloureuse : quelle que soit la raison, arrêtez de le masser.

De vous à moi

Si le ronronnement a un effet positif sur celui qui l'émet, il est également bénéfique pour nous ! Cette musique douce et rythmée a le pouvoir de nous détendre tout comme les caresses que nous prodiguons à notre chat.

Des comportements infantiles

Plus votre chat est attaché à vous, plus il a tendance à développer ce que les éthologues appellent des comportements infantiles, c'est-à-dire des comportements de chaton qui perdurent à l'âge adulte au contact de l'homme.

• **Le ronronnement**

Le ronronnement est le premier son émis par le chaton, dès l'âge de 2 jours. C'est un moyen de communication apaisant et inné entre la mère et ses petits. Il persiste plus ou moins chez l'adulte et serait d'autant plus présent que le chat est proche de l'homme. Un félin sauvage adulte ne ronronnerait que rarement, ce qui fait dire aux scientifiques que le ronronnement est une vocalise infantile persistant chez l'animal domestiqué. Cette petite musique à deux temps nous chavire d'émotion, car elle est synonyme à l'évidence de bien-être et

Le saviez-vous ?

Antistress Des scientifiques ont montré que caresser un chat fait baisser notre pression artérielle. Le bénéfice pour le chat est réciproque puisque la caresse peut être assimilée à un massage qui déclenche une production endogène d'endorphines aux vertus anxiolytiques.

de plaisir chez le chat. C'est donc un excellent baromètre de son humeur, et il est indissociable des câlins. Mais attention, si le ronronnement est déclenché par une émotion intense, celle-ci peut être agréable ou non : une chatte mettant bas, un animal malade ou blessé peuvent ronronner ! Selon certains scientifiques, le ronronnement stimulerait chez le chat la production d'endorphines, ces hormones du bien-être qui diminuent les sensations douloureuses. Pour d'autres, les vibrations produites favoriseraient la croissance des os et leur consolidation après une fracture. En conclusion, pour le bien-être de votre chat, favorisez son ronronnement en le caressant, en le câlinant ou en lui parlant doucement dès qu'il met en marche la locomotive !

De vous à moi

Ne grondez jamais un chat qui, au cours d'une séance de caresses, vous griffe ou file vos collants par inadvertance en raison du « pétrissage ». Il pourrait alors développer une anxiété et éviter tout contact avec vous ! Pensez juste à glisser une couverture sur vos genoux pour les protéger de ses griffes.

LES ÉTERNELS BÉBÉS

Certains chats adultes prennent leur maître pour une mère de substitution au point de lui téter le pull, le doigt ou le lobe de l'oreille ! Ce sont souvent des animaux qui n'ont pas été assez maternés par leur mère, car adoptés trop jeunes, et qui n'ont psychologiquement pas grandi. Ils ont développé un lien fusionnel avec une personne d'attachement et sont perdus en son absence. Facilement sujets à l'anxiété, ces « chats-bébés » doivent être suivis par un vétérinaire comportementaliste.

• **Le pétrissage**

Quand le chaton tète sa mère, il pousse alternativement sur la mamelle avec ses pattes avant, tout en ronronnant : ce pétrissage stimule la production lactée. Normalement ce comportement disparaît chez le chat quand il grandit sauf... chez les chats attachés à l'homme ! Ce pétrissage se manifeste dans diverses situations. Quand le chat cherche un coin moelleux pour dormir, il piétine – en sortant et rentrant ses griffes – le coussin avant de se coucher. Il fait de même quand il vient sur vos genoux ou quand vous le caressez et qu'il est couché. Certains chats aiment pétrir le cou ou les cheveux de leur maître ou le pull en laine qu'il porte. Ces moments sont précieux pour votre chat, peut-être éprouve-t-il un réel plaisir à revivre des scènes de sa petite enfance : laissez-le faire et, s'il vous fait mal en vous griffant, écartez-le en douceur ou coupez-lui les griffes !

• **Le léchage**

Considéré chez le chien comme un geste d'affection, le léchage n'est pas un comportement habituel chez le chat envers son maître. Lors de moments d'intimité, certains chats aiment lécher le cou ou le bras de leur maître tout en pétrissant sa peau et en ronronnant. D'autres ont coutume de lécher les cheveux de leur maître ou d'une personne étrangère, ce qui prouve dans ce cas qu'il s'agit plus d'un plaisir gustatif que d'un lien fusionnel ! Ainsi, ne serait-ce que pour une question d'hygiène, ne cherchez pas à ce que votre chat vous lèche : il a d'autres façons de vous montrer qu'il se trouve bien en votre compagnie !

Les caresses procurent au chat un sentiment de bien-être et de sécurité : elles lui rappellent le léchage agréable de sa mère après la tétée.

CHAPITRE 5

L'arrivée d'un colocataire

Un autre chat ? pas toujours évident...

Offrir à votre chat un compagnon de son espèce pour qu'il ne s'ennuie pas pendant votre absence est bien tentant. Cependant, l'expérience peut parfois vite tourner à la catastrophe relationnelle. Des précautions sont donc à prendre pour éviter le pire.

Peut-il vivre « seul » ?

Ne vous arrive-t-il pas de culpabiliser à l'idée de laisser seul toute la journée votre animal ? La solution logique serait de prendre un second chat pour qu'il devienne son compagnon de jeu. On s'ennuie moins à deux que tout seul... À condition de bien s'entendre ! Et les choses n'évoluent pas forcément dans le bon sens. Car adopter un autre félin revient à introduire un ennemi potentiel dans le territoire du chat résidant. La première réaction de ce dernier sera bien souvent d'intimider le nouveau venu par des mimiques agressives, des feulements, des grognements, voire des coups de patte ou une bagarre... Pas vraiment le comité d'accueil attendu ! À ce stade – normal – de la relation, on ne peut préjuger de son évolution future : avec le temps, soit les deux félins deviennent inséparables, soit ils se tolèrent tout au plus, soit ils ne s'entendent pas du tout... et l'un devient rapidement le souffre-douleur de l'autre !

Faut-il tout de même tenter l'expérience ? Tout dépend des conditions de vie et du chat lui-même. Le bien-être du chat ne passe pas forcément par la compagnie d'un congénère. En revanche, il repose sur l'attachement à un territoire stable et à un groupe social. Si son environnement est riche en stimuli, si les relations avec son ou ses maître(s) sont développées, le chat peut très bien vivre seul sans en être frustré. Cela est même conseillé si la surface l'exige : un studio ou un petit deux pièces ne peuvent accueillir plus d'un chat, car la trop grande promiscuité, le chevauchement des domaines de vie et l'impossibilité de fuite créent des tensions entre les colocataires ! Ensuite, l'entente entre deux chats dépend aussi du degré de sociabi-

Le saviez-vous ?

Quand les hormones s'en mêlent... Quand deux chats vivent ensemble, le statut hormonal de chacun influe sur leurs relations. Ainsi, un mâle non castré aura un comportement belliqueux envers un autre mâle castré ou non, voire une femelle si elle est stérilisée. Autre exemple, deux chattes non stérilisées ne se supportent plus au moment des chaleurs. Enfin, un chat et une chatte non stérilisés ne peuvent vivre ensemble en appartement... La stérilisation de tous les chats est donc inévitable !

lité de chacun. Un chat adopté jeune qui a toujours vécu seul aura beaucoup de mal à accepter un congénère. Un autre traumatisé par un chat malveillant se méfiera à vie de tout ce qui ressemble de près ou de loin à celui-ci. Enfin, le niveau de tolérance intraspécifique varie d'un chat à l'autre selon son caractère propre et la relation qu'il a tissée avec son maître : les chats dits « exclusifs » rechignent à partager le même territoire avec un autre félin...

Néanmoins, deux chats même non élevés ensemble deviennent dans la plupart des cas les meilleurs amis du monde et ravissent toute la famille par leurs bêtises communes, en dormant ensemble... À vous de faire en sorte que tout se passe au mieux lors de la phase de rencontre.

De vous à moi

Je conseille de laisser seuls, au minimum 12 heures, les chats entre eux ou, mieux, un week-end pour qu'ils puissent faire connaissance loin de vos yeux, votre angoisse n'arrangeant pas les choses ! Et laissez bien toutes les portes intérieures ouvertes pour qu'ils puissent se réfugier à leur guise dans des pièces séparées.

LA MATURITÉ SOCIALE

Il peut arriver que deux chats stérilisés ayant toujours vécu en bonne entente se mettent soudainement à se bagarrer. L'un des deux ou les deux ont atteint la maturité sociale, qui, indépendante de la maturité sexuelle, intervient vers l'âge de 3 à 5 ans chez le chat. Les relations sociales se réorganisent, ce qui crée des tensions.

L'amitié réciproque entre deux chats vivant sous le même toit n'est pas systématique. Tout dépend des conditions de vie et des protagonistes eux-mêmes.

L'arrivée d'un chaton

Prendre un chaton comme second chat représente le scénario idéal, car un jeune est beaucoup plus facilement accepté par un chat adulte. Il est conseillé d'adopter le chaton à l'âge de 2-3 mois pour que lui aussi s'adapte bien à sa nouvelle famille et à l'autre chat.

• La phase d'acclimatation

Mieux vaut séparer les deux chats les premiers jours, le chaton étant cantonné dans une pièce de l'appartement avec ses gamelles, litière et jouets. Les deux félins feront ainsi connaissance à travers la porte. N'hésitez pas à aller les caresser à tour de rôle et à échanger colliers ou serviettes-éponges sur lesquelles ils se sont reposés afin que chacun se familiarise avec l'odeur de l'autre.

• Les présentations

Ouvrez la porte et... ne la refermez plus ! Les premiers vrais contacts sont très sonores, et chacun doit avoir la possibilité de s'enfuir. Si le chat résidant pourchasse le nouveau venu et semble ne pas l'accepter, ne vous découragez pas : laissez-leur le temps de faire connaissance à leur façon. Vous verrez que petit à petit leurs rixes se transformeront en jeux. Détendez régulièrement l'atmosphère en engageant un jeu comme un lancer de balle ou une course-poursuite au stylo laser. Laissez la litière et les gamelles du chaton dans la pièce où il a été confiné, et ce durant une ou deux semaines. Gardez ensuite toujours deux litières à disposition. S'ils peuvent boire dans la même écuelle, chacun conservera sa gamelle à nourriture, l'une étant assez éloignée de l'autre.
Sachez que l'adaptation des chats l'un à l'autre peut prendre une journée comme plusieurs semaines. Soyez patient !

L'introduction d'un chat adulte

Si vous décidez de faire une bonne action en adoptant un second chat adulte plutôt qu'un chaton, renseignez-vous d'abord sur le passé du chat pressenti (a-t-il déjà vécu en appartement ?) et sur son degré de sociabilité avec les autres chats. Un chat qui ne supporte pas ses congénères aura beaucoup de mal à s'adapter à une nouvelle maison déjà occupée par un compagnon imposé ! Son stress ne fera que renforcer celui du chat résidant, et, malgré vos efforts, vous serez obligé de le confier à terme à une personne vivant sans chat !

Les règles de présentation des chats sont les mêmes que celles qui ont été décrites pour l'introduction d'un chaton. Leurs premiers face-à-face seront forcément « violents »

Ils se bagarrent...

N'intervenez pas quand vos chats s'affrontent, et à la rigueur sortez de la pièce : l'arrêt brutal d'une confrontation par un élément extérieur (vos cris, vos gestes...) les stresse et envenime leurs relations. Ils peuvent aussi se retourner violemment contre vous alors qu'entre eux il n'y aura jamais d'échange de crocs !

LES PRÉCAUTIONS À PRENDRE AVEC LES CHATS SENIORS

Si le chat résidant est âgé, l'arrivée d'un jeune chat plein d'énergie et remuant ne sera pas forcément bien vécue. Souffrant souvent d'arthrose, les chats seniors rechignent à jouer avec le nouveau chaton ou à entrer en contact avec lui. Plus sensibles que d'autres, ils peuvent souffrir de dépression caractérisée par une tendance à s'isoler, un manque d'appétit et d'entrain, une malpropreté. Le vétérinaire pourra alors avoir recours pendant un temps aux psychotropes pour l'aider à passer ce cap.

et bruyants, et la normalisation de leurs relations prendra plus de temps qu'avec un chaton. Il est fortement recommandé d'utiliser des phéromones félines de synthèse :

– la fraction F3 (Feliway ®) en diffuseur à placer 24 heures sur 24 dans la pièce principale de l'appartement : ces phéromones apaisent les chats lorsque leur environnement est perturbé ou nouveau ;

– la fraction F4 (Felifriend ®) ou phéromones de familiarisation : pulvérisez un peu de ce liquide dans la paume de vos mains puis appliquez-le sur le corps des deux chats en les caressant : en théorie, chacun « sent » que l'autre lui est familier et sans danger. Une application quotidienne de ce liquide peut rapidement donner de bons résultats.

Même s'ils mangent la même chose, il faudra toujours prévoir une gamelle par chat. Les deux écuelles sont placées dans la même pièce, à distance d'abord, puis petit à petit elles sont rapprochées.

Les séances de câlins et de jeux sont très importantes, car elles diminuent les tensions. Répartissez-les équitablement entre les deux chats et sans craindre une jalousie de l'un ou de l'autre : aucun ne se sentira exclu du groupe si vous prenez soin de passer du temps avec chacun. Et surtout ne grondez pas le chat qui semble provoquer les bagarres : vous ne ferez que rajouter un stress. Dites-vous que, comme deux enfants qui se chamaillent dans une cour de récréation, ce sont leurs affaires : à eux de s'apprivoiser !

Le comportement agressif quasi inévitable du chat résidant envers le nouveau venu ne préjuge en rien des relations futures entre les deux félins.

Un chat et un chien **peuvent être amis !**

« Chien et chat ne font pas bon ménage » affirme le vieil adage… Pourtant un tiers des propriétaires de chats en France possèdent un ou plusieurs chiens ! C'est la preuve qu'ils peuvent devenir de vrais amis ou tout au moins cohabiter.

Adopter un chien

Dans la nature, le chat considère le chien comme un prédateur : instinctivement il s'en méfie et le fuit. Un chat qui n'a pas été socialisé à l'espèce canine et qui n'a pas eu de contact avec des chiens avant l'âge de 9 semaines a beaucoup de mal à accepter le chien comme faisant partie de sa famille. Il passera ses journées en hauteur à l'éviter. Pour que la cohabitation devienne possible, le mieux est d'opter pour un chiot, qui sera plus facilement « dompté » par le chat et qui aura moins un comportement de chasseur envers lui. Adoptez-le de préférence à l'âge de 2 mois, c'est-à-dire en période de socialisation chez le chien ; il considérera le chat comme une espèce amie.

De vous à moi

Lors des présentations, tenez le chiot en laisse pour éviter qu'il ne course le chat. Il le prendrait alors pour un jeu. Si le chat feule et fait le gros dos, tant mieux : le chiot, impressionné, le respectera d'autant plus.

Certaines règles restent cependant à respecter pour une bonne cohabitation. Séparez le chat et le chien pendant 2 jours dans l'appartement pour qu'ils puissent se sentir et faire connaissance sous une porte. Aménagez des lieux de repos et de repli en hauteur pour le chat (voir pp. 70-73). Interdisez une des

➲ Un chien accepte plus facilement un chaton qu'un chat adulte et vice versa : la cohabitation se passe mieux entre un chat adulte et un chien si ce dernier est adopté petit.

pièces de l'appartement (une chambre) au chien : ce sera le refuge pour le chat. Séparez bien les gamelles en plaçant celle du chat en hauteur (sur le réfrigérateur ou le plan de travail). Interdisez au chien d'approcher la litière du chat. Vous pouvez utiliser sur le chien des phéromones félines de familiarisation (Felifriend ®) en humectant ses joues et ses flancs avec le spray : ces phéromones n'ont aucun effet sur le chien, mais permettent au chat de mieux l'accepter comme « ami ».

Si votre choix s'est porté sur un chien adulte, assurez-vous auparavant que ce dernier est bien socialisé aux chats, qu'il ne les poursuive pas, même par jeu, et qu'il soit très tolérant avec eux. Si votre chat n'a jamais vécu avec un chien, un toutou calme, conciliant et patient peut lui ôter sa peur instinctive de la gent canine : les histoires ne manquent pas de chat et de chien en guerre ouverte qui finissent par dormir ensemble ! Les premiers temps de cohabitation, prenez tout de même la précaution de ne jamais les laisser ensemble dans l'appartement sans surveillance.

Le saviez-vous ?

Le chien qui n'aime qu'un chat Un chien peut très bien s'entendre avec le chat de la maison et chasser tous les autres. Pour lui, ce chat fait partie de sa meute, et les autres sont des étrangers. Certains chats l'ont bien compris et préfèrent ne visiter le jardin qu'en compagnie de leur ami chien !

Le chaton qui arrive chez le chien...

Le chaton peut être le second animal adopté par la famille après le chien. Dans ce cas, il faudra bien veiller le premier mois à ne pas laisser les deux protagonistes seuls sans un œil sur leurs activités, surtout si le chien est connu pour courser les chats ! Pour que le chaton s'habitue rapidement à votre chien, adoptez-le jeune (entre 2 et 3 mois) ou portez votre choix sur un chaton qui a déjà vécu avec un chien.

Les présentations auront lieu dans un endroit neutre de l'appartement (qui correspond au territoire du chien), par exemple la salle à manger : maintenez le chaton dans sa cage de transport le temps que votre chien vienne le sentir. Sortez alors le chaton et engagez un jeu avec le chien pour détendre l'atmosphère. Câlinez fréquemment le chaton et parlez-lui avec une voix douce afin que le chien sente votre odeur sur lui et comprenne qu'il fait dorénavant partie de la famille.

Il peut vivre avec **d'autres animaux !**

Plutôt qu'un autre chat ou un chien, vous préférez offrir à votre petit compagnon un animal qui demande moins d'entretien et de temps. Mais est-ce une bonne idée ?

Un lapin ou un petit rongeur

Le chat sauvage chasse en solitaire des proies plus petites que lui : les petits mammifères font donc partie de son menu. Choisir un lapin nain ou un petit rongeur (rat, hamster, gerbille, cochon d'Inde...) comme compagnon pour votre chat n'est donc pas une bonne idée. Celui-ci n'aura de cesse de vouloir attraper le petit animal, tandis que ce dernier sera stressé en permanence. Et, même si vous pensez les séparer en enfermant le petit mammifère dans sa cage, votre chat passera ses journées à côté de la cage pour surveiller sa proie !

Cependant, dans certaines conditions, une amitié peut naître entre un chat et un lapin, un cochon d'Inde ou même un rat. Il suffit que les deux animaux aient grandi ensemble ou que le chat soit mis en présence du petit mammifère avant l'âge de 9 semaines (période de socialisation). Ainsi, si vous adoptez un chaton et que vous possédez déjà un lapin adulte, ils vont ap-

Faire cohabiter un chat avec un petit rongeur (ici une gerbille) n'est pas conseillé : le félin passera ses journées à guetter sa proie potentielle, tandis que le petit rongeur sera terrorisé par sa présence !

prendre à vivre ensemble, au point de partager la même couche ! Mais soyez prudent si vous introduisez un petit animal chez vous : le chat peut au début paraître indifférent au nouveau venu ; en fait, il attend un moment d'inattention chez vous pour lui sauter dessus !

Un furet

Dans la nature, le chat et le furet s'évitent, car leur régime alimentaire commun les met en concurrence. À la maison, ils peuvent devenir de vrais amis, l'inégalable comportement joueur du furet promettant des courses effrénées. Toutefois, ces deux petits carnivores peuvent aussi se faire mal si des précautions ne sont pas prises. Ainsi, il vaut mieux adopter le chat avant le furet ou les adopter ensemble pendant leur jeune âge. En effet, il peut être dangereux de mettre un chaton de 2 mois en présence d'un furet adulte, qui peut le blesser sévèrement, même par jeu. Si votre chat accueille votre furet en grognant, soyez patient : ils vont apprendre à s'apprivoiser l'un l'autre. Cachez la gamelle du chat quand vous laissez votre furet en liberté dans la maison et enfermez ce dernier dans sa cage dès qu'il n'est plus sous surveillance.

Les oiseaux

La présence d'oiseaux en cage stimule le comportement prédateur du chat : c'est normal, vous ne pouvez rien y changer ! Votre petit félin montera la garde près de la cage, et vos canaris ou perruches en seront continuellement effrayés. Ils peuvent finir par cohabiter si la cage est en hauteur et hors d'atteinte du chat, mais si un oiseau se sauve lors du nettoyage de la cage, le chat jusqu'ici placide deviendra un fauve ! L'erreur classique est de laisser le chat dormir sur la cage : le stress permanent lié à cette promiscuité entraîne une altération des défenses immunitaires chez les oiseaux et donc une plus grande fragilité.

Le seul oiseau qui peut réellement cohabiter avec un chat est un perroquet adulte. Très bruyant et doté de griffes et d'un bec puissants, ce volatile impressionne le chat, qui évite ainsi de le taquiner. Certains deviennent même de vrais amis, le perroquet aimant toiletter avec son bec la fourrure du chat.

Les poissons

L'aquarium est bien le cadeau le plus utile que l'on puisse offrir à un chat d'appartement. Le va-et-vient des poissons et des bulles le stimule et il peut passer des heures à regarder l'aquarium ! Ne pensez pas que ce programme uniforme va le frustrer ou le rendre malheureux : il aura plaisir à venir chaque jour à son poste d'observation vérifier que tous ses copains poissons sont bien là. Cependant, il ne fera pas que les admirer : il tentera aussi de les pêcher ! Certains n'hésitent pas à plonger dans l'eau pour les attraper. Un aquarium rectangulaire avec couvercle solide sera préféré au classique bocal rond à poissons. Laissez de la place sur le meuble où est posé l'aquarium pour que votre chat soit posté au premier rang.

CHAPITRE 6

Les sorties et les déménagements

Les sorties, oui mais en laisse !

Si votre appartement ne possède ni balcon ni accès à un jardin, il est très tentant pour vous de sortir votre chat en laisse pour qu'il se dégourdisse les pattes. Attention, ce n'est pas un chien !

Sortir le chat pour le placer dans un endroit inconnu est facteur de stress chez lui.

Attention au stress...

Laisser un chat 24 heures sur 24 dans un appartement sans possibilité de sortir peut paraître cruel à beaucoup d'entre nous. N'a-t-il pas aussi besoin comme un chien de humer l'air de la rue, de se dégourdir les pattes dehors et de voir les oiseaux d'au plus près ? L'idée de le sortir en laisse est compréhensible, mais cela ne va pas forcément dans le sens du bien-être du chat.

Les besoins du chat et du chien sont différents : le chat n'a pas besoin de sortir pour aller aux toilettes

(il a sa litière), pour se défouler (il le fait très bien dans l'appartement) ou pour rencontrer des congénères (il n'est pas un animal de meute). Le chat est très lié à son territoire et aux marques apaisantes qu'il y dépose. Se retrouver dans un endroit inconnu sans odeurs familières le stresse… comme on le serait si on était parachuté sans préambule sur la Lune ! Ainsi, déposé sur le carré de verdure en bas de l'immeuble, il reste tétanisé et panique au moindre bruit ! Il peut se retourner contre vous si vous tentez de le rassurer en le prenant dans vos bras ou s'enfuir sous un buisson ou en haut d'un arbre. Pas vraiment une partie de plaisir pour lui comme pour vous, car, à vrai dire, il est beaucoup mieux à la maison que dans la rue !

L'habituer dès son plus jeune âge

Bien des exemples montrent que, si on l'éduque très tôt aux sorties en laisse, le chat peut apprécier les promenades avec son maître. Le rythme n'est pas forcément celui d'une promenade avec un chien (le chat prend son temps pour mieux sentir toutes les odeurs), et il faut faire très attention aux dangers de la rue, liés à la circulation, mais aussi aux chiens. Plutôt que de faire le tour du pâté de maisons avec un chat en laisse, mieux vaut le porter dans ses bras – en tenant bien la laisse – jusqu'à un lieu protégé, riche en stimuli (oiseaux, insectes, éléments pour se percher, herbe…) et non fréquenté par les chiens. Le chat ne doit jamais être détaché, une longue longe est préférable.

Habituez votre chat dès son plus jeune âge au port du harnais et aux sorties en laisse.

Avant de l'habituer aux sorties, il faut qu'il accepte d'être tenu en laisse. Débutez son apprentissage dès l'âge de 2 mois. À la maison, habituez-le au port d'un collier ou d'un harnais, puis à la laisse. Suivez-le au début la laisse en main, puis passez devant lui et appelez-le avec une friandise. Quand il est à l'aise avec la laisse chez vous, vous pouvez commencer à le sortir, de préférence aux heures calmes de la journée. S'il montre des signes de panique, ne faites pas de zèle et rentrez-le immédiatement. L'apprentissage doit être progressif.

NE TIREZ PLUS !

Lors de son apprentissage ou lors de ses sorties, ne donnez jamais de coups de traction sur la laisse et ne le traînez pas pour le forcer à marcher : stressé par cette contrainte, il peut développer une phobie de la laisse ou de la promenade et paniquer au risque de se mettre en danger.

Balcon, terrasse et jardin : prudence !

Si votre appartement bénéficie d'un balcon, d'une terrasse ou d'un accès à un jardin, tant mieux, ils augmentent le domaine de vie de votre chat. Mais tout doit être fait pour éviter les accidents !

Pas de sortie sur le balcon sans protection !

Le balcon et la terrasse... attention !

• L'intérêt du balcon et de la terrasse

L'accès à un balcon ou une terrasse ne peut que réjouir le chat. Les plantations l'intriguent et le stimulent par leurs flagrances, le soleil le réchauffe, le vent lui apporte des odeurs nouvelles, les insectes volants l'excitent, et il bénéficie d'un poste d'observation hors pair... Il suffit que votre étage ne soit pas trop élevé et que l'appartement donne sur une rue animée, une place avec des pigeons ou un jardin pour que le chat se divertisse du spectacle tout en prenant l'air. Pour éviter qu'il ne vous demande toutes les 5 minutes de lui ouvrir la porte-fenêtre pour sortir (pour aussitôt rentrer, les chats ont parfois des comportements incompréhensibles !) alors qu'il fait + 5 °C à l'extérieur, installez-lui une chatière.

• Les dangers

Le principal inconvénient d'un balcon ou d'une terrasse est le risque de chute (voir pp. 32-39). Aucun chat n'est à l'abri, même s'il a des dons d'acrobate et sait se déplacer sans difficulté sur une rambarde étroite ! Il suffit qu'il voie une mouche ou un oiseau se poser sur le rebord ou s'approcher de lui pour qu'il essaye de l'attraper, dérape et chute. Cela peut arriver à n'importe quel âge : on a vu des chats déam-

➲ Si le chat a accès à un jardin, sécurisez l'espace en installant une clôture haute à filet recourbé vers l'intérieur.

buler durant des années sur le bord du balcon sans problème et un jour tomber dans le vide... Le meilleur moyen pour éviter ce drame est de poser des filets de protection ou d'interdire l'accès au balcon à votre chat ! À vous de choisir...

L'idéal, le jardin

Un chat vivant en appartement peut avoir accès à un jardin soit parce que l'appartement est en rez-de-jardin, soit parce que la résidence possède un espace vert autorisé aux animaux. Il représente l'idéal pour un chat d'intérieur, mais il ne doit pas le mettre en danger. Ici encore des protections sont nécessaires.

- **Les risques encourus**

Un chat qui a accès à un jardin a toujours la curiosité d'aller voir ce qu'il se passe en dehors au risque de rester coincé dans un autre jardin, de traverser une route passante ou d'être intoxiqué par des produits phytosanitaires. Sans compter les mauvaises rencontres avec des congénères belliqueux ou des chiens chasseurs de chats !

- **Les solutions**

L'installation d'une clôture haute avec un système de filet recourbé vers l'intérieur est la solution idéale. Si elle n'est pas envisageable ou si vous voulez profiter de l'espace vert de la résidence, vous pouvez encore mettre un harnais à votre chat et l'attacher à une longue longe elle-même fixée au sol par un piquet.

« De vous à moi

Je déconseille les colliers anti-fugue pour chats : quand le félin s'approche de la limite du jardin, il reçoit une stimulation électrostatique désagréable provoquée par le collier, qui peut-être douloureuse pour lui. Ce mode de punition peut le rendre anxieux et provoquer chez lui des phobies.

ATTENTION AUX PLANTATIONS !

Les chats sont attirés par les jardinières. Ils aiment creuser dans la terre, certains y font leurs besoins et d'autres les prennent comme couche ! La majorité goûte aux fleurs ou aux feuilles des plantations au risque de s'intoxiquer.
Si votre chat est un grignoteur invétéré de plantes, placez des boules de naphtaline ou des écorces d'agrumes dans les jardinières et aspergez les plantes de jus de citron dilué.

Le déménagement, source de stress

Les préparatifs de votre futur déménagement vous stressent ? Ce n'est rien comparé au profond bouleversement que va vivre votre chat. Ménagez-le en suivant quelques règles.

Un grand chamboulement

L'équilibre psychologique, voire physiologique, du chat est lié à la structure de son territoire. La stabilité de ce dernier concourt à son bien-être, et par conséquent toute modification de son environnement aura sur lui des conséquences émotionnelles et comportementales. Le déménagement est un des plus grands stress qu'il ait à vivre. En quelques heures, il perd tous ses repères visuels et surtout olfactifs (marques faciales) qui balisaient son territoire (sans compter le stress lié au remue-ménage). Il est complètement déboussolé, perdu et peut devenir anxieux. Certains chats s'adaptent plus rapidement que d'autres. Ceux qui ont du mal développent ce que l'on appelle une anxiété de déterritorialisation (liée au changement de territoire) : trop perturbés,

Le saviez-vous ?

Des seniors plus fragiles L'aptitude d'un chat à s'adapter rapidement à un changement dans son environnement dépend en partie de son âge : un chaton sera moins perturbé qu'un adulte, et un adulte qu'un senior. Le vieillissement diminue en effet cette aptitude, les animaux âgés étant plus « casaniers » et très attachés à leurs petites habitudes. Une attention particulière et éventuellement une aide vétérinaire leur seront apportées lors d'un déménagement.

ils ne se frottent jamais sur les meubles ou les personnes. Leur comportement n'est plus le même : ils deviennent peureux, se cachent sous ou sur les armoires, sont « susceptibles » et s'irritent pour un rien, ils jouent moins et évitent les contacts. Le marquage urinaire et l'exacerbation des griffades (sur le canapé et les papiers peints neufs) sont des signes classiques de cette anxiété et non, comme le pensent souvent les propriétaires, ceux d'une quelconque vengeance du chat. Il souffre et l'exprime par ces troubles : il faut l'aider à retrouver des balises apaisantes dans son nouveau territoire.

L'arrivée dans le nouvel appartement

• **Baliser son nouvel environnement**
La préparation du déménagement du chat est aussi importante que celle de votre mobilier. Puisque l'angoisse du chat naît de la perte subite de ses repères olfactifs, vous l'aiderez à s'installer en balisant vous-même son nouvel environnement et en favorisant son comportement de marquage. L'utilisation d'un produit analogue aux phéromones faciales que le chat dépose en se frottant sur les objets est ici indiquée (produit Feliway ®).

Lorsqu'un chat arrive dans un nouvel appartement, son tout premier réflexe est de se cacher dans un endroit retiré.

> **De vous à moi**
>
> *Chez les chats particulièrement sensibles au moindre changement, je prescris, en plus des phéromones de synthèse, un traitement homéopathique apaisant ou un supplément nutritionnel issu de protéines de lait (Zylkène ®) ou à base de Théanine (Anxitane ®), qui peut gérer l'anxiété du chat. Le traitement est à débuter avant le déménagement et doit être poursuivi au minimum 1 mois.*

• **Avant le déménagement**
Avant le jour J, les cartons représentent déjà une source d'angoisse pour le chat, qui bien souvent les « baptise » avec un jet d'urine. Pour éviter ces désagréments, vaporisez du Feliway ® en spray sur chaque coin des cartons. Vingt-quatre à quarante-huit heures avant le déménagement, branchez un diffuseur de phéromones (Feliway ® en diffuseur) dans la pièce principale du futur domicile. Laissez-le en place 24 heures sur 24 pendant au minimum un mois.

• **Au moment du déménagement**
Enfermez votre chat dans une pièce de l'ancien domicile à l'arrivée des déménageurs et jusqu'à leur départ pour éviter qu'il ne panique et prenne la fuite. Une fois tous les meubles et cartons déposés dans le nouvel appartement, installez-le dans une pièce fermée avec ses gamelles, sa litière et ses couffins. Attendez qu'il commence à se frotter sur les meubles de cette pièce avant d'ouvrir la porte pour qu'il découvre (et balise !) le reste de l'appartement.

QUITTER LE JARDIN POUR UN APPARTEMENT

Outre le stress lié au déménagement lui-même, le chat risque de souffrir du manque de stimuli auditifs, visuels et olfactifs dans son nouveau territoire. L'adaptation est longue et délicate, parfois impossible pour certains chats, qui doivent être replacés. L'aménagement de l'appartement est dans ce cas d'autant plus important et demande un vrai travail en amont.

Changer pour une maison avec jardin

L'accès à un jardin ne peut être que bénéfique pour le chat, car très stimulant. Assurez-vous auparavant que les sorties ne sont pas risquées (accès à une route passante…). Le mieux est encore de clôturer le jardin avec un grillage incliné vers l'intérieur sur sa partie haute. Certaines personnes préfèrent aménager leur jardin en volière ou attacher le félin à un piquet avec longe et harnais.

Si votre chat a toujours vécu en appartement, l'accès au jardin ne lui sera autorisé qu'après une période d'adaptation : le chat doit d'abord « s'installer » dans la maison et la baliser avec ses marques faciales, sinon il pourrait se perdre dehors et ne plus jamais revenir. En pratique, vous maintiendrez le chat à l'intérieur plusieurs jours, voire plusieurs semaines, jusqu'à ce qu'il se sente vraiment à l'aise. Les premières sorties seront courtes et sous surveillance, vous lui apprendrez à revenir dans la maison au simple son des croquettes dans la boîte ! Pensez à le faire identifier, stériliser et à vérifier que ses vaccins sont bien à jour, car il a de grandes chances de rencontrer d'autres chats.

Quitter un appartement pour une maison avec jardin est l'idéal pour le chat. Mais le chat doit d'abord se familiariser avec la maison avant de sortir.

Index

Remerciements

L'éditeur remercie les sociétés ou les personnes suivantes pour leur contribution à l'iconographie de cet ouvrage :

- Monsieur Gérard Estero - Site Internet : www.securitechats.fr
- EUROPET BERNINA - Site Internet : www.europet-bernina.com
- HAGEN - Site Internet : www.hagen.com
- SANTOMAS & CO - Site Internet : www.cats-home.fr - Tél. : 05 55 03 35 77.

Crédits photographiques

Bios : Éric Guilloret : pp. 6, 22-23, 28-29, 35, 44-45, 49, 50, 51, 56, 57, 59, 61, 67, 71, 73, 76, 77, 103, 104-105, 112, 123, 127 ; Van den Berg Heinrich : p. 10 ; Klein J.-L. et Hubert M.-L. : pp. 12 h, 36-37, 47, 54 bg, 62 hg, 62 bg, 69 b, 82 hd, 99, 110-111, 114-115 ; Huguet Pierre : pp. 12 b, 74-75 ; Chamberland Gil : pp. 34, 120-121 ; Gilson François : p. 40 ; De Sutter Julien : p. 58 ; Martin Harvey : p. 63 h ; Gunther Michel : p. 72 ; Chérel Jean-François : p. 88 ; Vidal Franck : pp. 91, 117 ; Etienne Jean-Jacques : p. 100 ; Alcalay Jean-Jacques : p. 107.

Phone : Labat J.-M. et Rouquette F. : pp. 8-9, 17, 26, 32, 42, 52, 54 bd, 79, 82 hg, 109, 124 ; Fulconis Renaud : p. 15 ; Labat J.-M. : pp. 21, 39, 65, 69 h, 90, 116 ; Thiriet Claudius : pp. 64, 70.

Arioko : Lanceau/Arioko.com : pp. 62 hd, 63 bg, 63 bd.

Hagen : pp. 54 hg, 55 b, 80 hd, 83 hg, 93 hg, 93 b, 94 hg, 94 md.

Europet Bernina : pp. 54 md, 54 mg, 55 hg, 55 hd, 62 bd, 68, 80 hg, 80 bg, 80 bd, 81, 82-83 b, 83 hd, 85, 86, 87, 93 hd, 94 bg, 94 hd, 94 md, 94 bd, 95 hg, 95 hd.

Santomas & Co : pp. 95 bg, 95 bd.

Gérard Estero : pp. 118, 119.

Photo 1re de couverture : SUNSET/Juniors.
Photo 4e de couverture : Laetitia Barlerin.

Photos du logo (1re de couverture, dos et 4e de couverture) : Gauzargues/Cogis (hg), Monnier/Cogis (hd), Varin/Cogis(bg), Français/Cogis (bd).

Photo du rabat : Pascal Le Grand.

Création graphique : Sarbacane Design.

Mise en pages : Véronique Sommeilly/S Puissance 3.

Suivi éditorial : Frédérique Chavance.

Fabrication : Aurélie Lacombe.

Photogravure : Altavia Lille.

Achevé d'imprimer en janvier 2011 par Dedalo Offset (Espagne).
F11015-03